KLEINE AUSZEITEN
AM

-GARDASEE-

KLEINE AUSZEITEN AM

-GARDASEE-

UDO BERNHART & HERBERT TASCHLER

WOCHENEND & WOHNMOBIL

CAMPING- & STELLPLÄTZE · HIGHLIGHTS · AKTIVITÄTEN

BRUCKMANN

INHALT

Die Torre Apponale, einst Teil der Stadtbefestigung, am alten Hafen von Riva del Garda

AUSZEIT AM GARDASEE

Perfekt für einen Wochenendtrip

◀ Die Wasserburg von Sirmione ▲ Der neue Sarca-Radweg ▼ Klettersteig bei Arco

Gardasee – allein schon der Name entfacht bei vielen die Sehnsucht nach Italien, nach dem Süden, nach Sonne, Wärme, Wasser und »Dolce far niente«. Steilküsten und 2000 Meter hohe Berge im alpinen Norden, sanfte Moränenhügel und weite Ebenen im mediterranen Süden – die faszinierenden Gegensätze der Landschaft, das milde Klima und die einmalige Stimmung machen den Gardasee zu einem einzigartigen und wohl gerade deshalb so beliebten Urlaubsziel.

Mit einer Oberfläche von 370 Quadratkilometern ist der Gardasee der größte und bei den Urlaubern – vor allem aus dem Norden – wohl auch der beliebteste Badesee Italiens. Drei Regionen teilen sich den See: Trentino-Südtirol mit der Provinz Trient, das Veneto mit der Provinz Verona und die Lombardei mit der Provinz Brescia. Die Lage des Sees ist einzigartig und wahrhaft spektakulär. Während die fjordartige, schmale Nordhälfte des Gardasees von hohen und steilen Bergen umgeben ist und noch in die Südausläufer der Alpen hineinreicht, erstreckt sich das breite und weite Südende bis in die Poebene hinein.

GEGENSÄTZE ZIEHEN AN

Wohl nicht viele Seen warten mit so unterschiedlichen Gesichtern und mit derartigen landschaftlichen Gegensätzen und Reizen auf. Schroffe Felswände, Klettersteige und Hochalpen vereinen sich mit Olivenhainen, Zitronengärten und Weinbergen. Deftige, alpine Küchentradition verbindet sich mit mediterraner Leichtigkeit und Frische, die herzhafte Gastfreundschaft der nördlichen Ufer mit der lässig offenen Mentalität des Südens.

Am Gardasee findet jeder Gast das, was er sucht: Ruhe und Erholung bei langen Wanderungen durch Olivenhaine oder bei der Lektüre eines Buches am See, Spiel und Spaß im Wasser und am Strand, sportliche Herausforderungen beim Surfen und Segeln, beim Klettern und Paragliden, beim Kajakfahren und Rafting, aufregendes Nachtleben in den vielen Diskotheken und Vergnügungszentren, entspanntes Nichtstun oder »Dolce far niente« bei einem guten Glas Wein in der Bar am Hafen, verführerisches Genießen in der kleinen Trattoria am Strand, Shoppingtouren in den quirligen Gassen der Altstadt oder auf dem Wochenmarkt, ...

RUHE & ERHOLUNG – ACTION & FUN

Ruheliebende Urlauber suchen eher das mondänere Westufer in Gardone Riviera, Gargnano oder Toscolano-Maderno auf. Im südlichen Teil des Westufers fasziniert die sanfte Moränenlandschaft des Valtènesi, weiter nördlich die Riviera dei Limoni sowie die Gardesana Occidentale, eine der abenteuerlichsten unter Europas Traumstraßen. Wer den Trubel liebt, das Flanieren an der Uferpromenade, dem Lungolago, und das bunte Treiben in den Gassen der mittelalterlichen Ortszentren, der ist in Bardolino, in Garda und Lazise an der Riviera degli Olivi bestens aufgehoben. Wer auf lange Nächte und richtiges Nightlife steht, der wählt am besten das Südufer mit seinen schönen breiten Stränden. In der Umgebung von Desenzano laden einige der größten Diskotheken Italiens dazu ein, die Nacht zum Tag zu machen.

Wer hingegen vorwiegend auf sportliche Betätigung und Abenteuer setzt, der fährt in den alpinen Norden des Sees. Hier schätzen Segler und Surfer die idealen Bedingungen, vor allem die Gardasee-Winde **»Pelèr«** am Morgen und **»Ora«** am Nachmittag, auf die hundertprozentig Verlass ist. Für ideale Bedingungen auf dem Surfbrett und Segelboot ist also mit Garantie gesorgt. Aber auch Mountainbiker, Wanderer und Kletterfans finden hier ein anspruchsvolles und herausforderndes Gelände vor.

HISTORISCHE VIELFALT

Die ersten Spuren der Besiedelung des Gardasees reichen bis in die Bronzezeit zurück und werden durch frühgeschichtliche Felszeichnungen am Monte Baldo und Überreste von Pfahlbausiedlungen rund um den See eindrucksvoll belegt. Im Laufe der Jahrtausende darf sich der See dann ebenfalls nicht über Langeweile beklagen. Römer und Hunnen, Goten, Langobarden und Franken, Verona und Venedig, Mailand, Frankreich und Österreich wechseln sich für kürzere oder längere Zeit in der Vorherrschaft in der Region ab und hinterlassen zahlreiche Spuren ihrer Kulturen: Burgen und Kirchen, Paläste und mittelalterliche Städte, Thermalbäder und Luxusvillen, Zitronengärten und Olivenhaine. Neben der beeindruckenden Landschaft sind es seit jeher auch diese historische Vielfalt sowie der kulturelle Reichtum, die den Gardasee zu einer der gefragtesten Urlaubsdestinationen Norditaliens machen.

Der Gardasee bietet ideale Bedingungen für Segler, Surfer und Wassersportler.

»NUR WER DIE SEHNSUCHT KENNT …«

Der Tourismus begann am Gardasee vor knapp 130 Jahren vor allem im Westen. Hier entstanden um 1890 luxuriöse Hotels, schöne Parks und Gärten. Der Österreicher Luis Wimmer löste 1884 mit dem Bau seines palastartigen **»Grand Hotel Gardone Riviera«** die Entwicklung Gardones zum »Nizza des Gardasees« aus. Noch heute liegt ein Hauch von Belle Époque über den eleganten Badeorten an der Westküste.

Arco wurde noch ein Jahrzehnt früher zum noblen Kur- und Erholungsort der Habsburger Monarchie. Treibende Kraft dieser Entwicklung war Erzherzog Albrecht von Habsburg, der sich um 1872 in Arco seine Winterresidenz, die **Villa Arciducale**, gebaut hat. Der mitteleuropäische Hochadel folgte dem Beispiel. Zar Alexander II. und Winston Churchill sowie später Prinz Charles von England oder König Juan Carlos von Spanien gehörten genauso zu den illustren Gästen am Gardasee wie Rainer Maria Rilke, Friedrich Nietzsche, Franz Kafka und die Gebrüder Mann oder Paul Heyse und Stefan Zweig. Albrecht Dürer und Johann Wolfgang von Goethe waren ja bereits einige Jahrhunderte zuvor von der besonderen Atmosphäre am See begeistert.

Erholsame Ruhepause am Lungolago, der Uferpromenade von Limone

KULTURELLER REICHTUM

Neben Sonne, Wasser und Natur, Spaß und Unterhaltung begegnen wir am Gardasee auf Schritt und Tritt geballter Kultur und Geschichte. Das fängt schon in den kleinsten Orten direkt am See an. Und in unmittelbarer Nachbarschaft liegen einige der sehenswertesten Kulturstätten Norditaliens. Verona im Osten, Brescia im Westen, Mantua im Süden oder Rovereto und Trento im Norden sind auf jeden Fall einen Besuch wert.

Der Gardasee ist zudem ein ideales Ziel für Feinschmecker und Genussmenschen. Denn zum Genießen gibt es hier eine ganze Menge. Die Gegend bietet eine große Auswahl an ganz speziellen Qualitätsprodukten: Olivenöl und Wein, Zitrusfrüchte und Süßwasserfische, Obst und Gemüse, Trüffel und Käse … Zahlreiche **Weinstraßen** rund um den Gardasee laden dazu ein, in die bunte Vielfalt der Gardaseeküche mit ihren verschiedenen kulturellen Eigenheiten und kulinarischen Traditionen einzutauchen und die lokalen Produkte kennen- und schätzen zu lernen.

UNTERWEGS AM GARDASEE

Unterwegs mit dem Wohnmobil, dem Motorrad oder mit Fahrrad und Zelt – ein solcher Urlaub zählt für viele Reisende zu den schönsten, spannendsten und abenteuerlichsten Urlaubsformen. Freiheit und Naturerlebnis stehen dabei im Mittelpunkt.

Das Angebot an gut ausgestatteten und einladenden Camping- und Stellplätzen rund um den Gardasee ist groß. Die Gegend ist voll von schönen Orten, die dazu einladen, das Land kreuz und quer zu bereisen und sich an immer neuen, unbekannten Plätzen niederzulassen.

Reisen im Wohnmobil ermöglichen es, Land und Leute intensiver und langsamer zu erkunden. Dieser Reiseführer ist für alle gedacht, die etwas mehr vom Gardasee sehen, erleben und genießen wollen.

STECKBRIEF GARDASEE

FLÄCHE: 370 Quadratkilometer
HÖHE ÜBER DEM MEERESSPIEGEL: 65 Meter
LÄNGE: 51,6 Kilometer
BREITE: 17,2 Kilometer
UMFANG: 158,4 Kilometer
MAXIMALE TIEFE: 346 Meter
DURCHSCHNITTSTIEFE: 133 Meter
INSELN: Isola San Biagio, Isola del Garda, Isola di Trimelone, Isola dell'Olivo, Isola di Sogno

ANREISE MIT DEM AUTO:

- Autobahnausfahrt Trento über das Sarcatal und Arco ans Nordufer
- Autobahnausfahrt Rovereto Sud über Nago nach Torbole ans Nordufer
- Autobahnausfahrt Affi nach Garda, Bardolino und Lazise ans Ost- und Südufer

AUTOFÄHRE: zwischen Torri del Benaco am Ostufer und Toscolano-Maderno am Westufer

AUF DER GARDESANA RUND UM DEN GARDASEE

Für eine Tour rings um den Gardasee braucht es eigentlich keine besonderen Tipps. Auf 150 Kilometern erwarten uns landschaftliche Hochspannung und konzentrierte Schönheit. Am Vormittag sollten Sie das Ostufer, also die **Gardesana Orientale**, und am späteren Nachmittag das Westufer, die **Gardesana Occidentale**, befahren! Dann liegt jeweils die gegenüberliegende Uferpartie im Sonnenlicht.

ARCO

Ein Kurort mit Flair

Beeindruckendes Naturtheater: Arco mit seiner Burg

1

Arco zählte einst zu den renommiertesten und beliebtesten Kurorten der Österreichisch-Ungarischen Monarchie. Hier, an der ehemaligen Grenze zu Italien, stiegen die Habsburger mit ihrem Gefolge ab und genossen mit berühmten mitteleuropäischen Zeitgenossen mediterranes Klima und südliches Flair.

Auch wenn Arco nicht direkt am Gardasee liegt, für den vom Norden Kommenden fängt der See bereits in Arco an. Wenn wir in Trento Nord die Autobahn verlassen und über das wild-romantische Sarcatal gen Süden fahren, dann öffnet sich plötzlich das Tal. Zu unserer Rechten thront hoch oben auf den Felsen majestätisch die Burg Arco und heißt uns willkommen. Und vor uns spüren wir schon den nahen Gardasee. Vorerst aber machen wir in Arco Halt. Es lohnt sich.

FREILUFT-AMPHITHEATER

Die Umgebung, in die Arco eingebettet ist, ist wahrlich einmalig: schroffe Felsenwände, Olivenhaine mit jahrhundertealten Trockenmauern, die sich an die Hänge schmiegen, Steineichenwälder zwischen den Felsvorsprüngen, Palmen und Granatapfelbäume, Parkanlagen und blühende Gärten ... Das beeindruckende Freiluft-Amphitheater wird von einer imposanten und schützenden Gebirgskette eingerahmt: dem Monte Stivo mit 2059 Metern Höhe im Osten, dem Monte Biaina (1413 Meter) im Westen und dem Monte San Pietro sowie dem Monte Misone (1804 Meter) im Nordwesten.

EINMALIG MILDES KLIMA

Um die Mitte des 18. Jahrhunderts entdeckten Bürger von Arco den wahren Reichtum ihres Ortes: sein einmaliges, mildes Klima – das ganze Jahr hindurch. Arco wird zum Kur- und Erholungsort. Hotels und Villen wurden gebaut, Parkanlagen angelegt, die Zugverbindung Mori–Arco-Riva fertiggestellt. Treibende Kraft dieser Entwicklung war Erzherzog Albrecht von Habsburg, ein Cousin von Kaiser Franz Joseph I. Er baute sich um 1872 in Arco seine Winterresidenz, die Villa Arciducale, die erzherzogliche Villa – mitten in einem groß angelegten Park, dem Arboretum, der heute mit einer Vielzahl von exotischen und mediterranen Pflanzen und über 150 verschiedenen Baum- und Straucharten zum Besuch lädt.

1

Der mitteleuropäische Hochadel folgte dem Beispiel des Erzherzogs und baute sich ebenfalls seine Villen im Kurort. Schon bald stellte sich heraus, dass das milde Klima den Heilungsprozess von Lungenkrankheiten und bei depressiven Leiden fördert. Der Ausbruch des Ersten Weltkriegs machte dieser Entwicklung allerdings ein jähes Ende.

DAS WAHRZEICHEN DER STADT

Schloss Arco ist das Wahrzeichen der Stadt. Die Rocca zählt ohne Zweifel zu den schönsten Burganlagen des Trentino. Die beeindruckende mittelalterliche Festung hoch oben auf dem nach Osten zum Sarcafluss hin senkrecht abfallenden Monte Collodri wurde von den Grafen von Arco erbaut und erlebte eine wechselvolle Geschichte. Bereits Albrecht Dürer (1471–1528) hielt auf seiner ersten Italienreise 1495 die stimmungsvolle Szene in seinem Aquarell »Le Val d'Arco/Fenediger Klausen« fest. Das Bild hängt heute im Louvre in Paris.

Schon die Wanderung durch die alten Olivenhaine hinauf zum Schloss wird zum Erlebnis. »... und mancher, der in ihrem Schatten rastet, fühlt es näher durch den wogenden Frühling – das Neue«, vermerkt der Arco-Fan Rainer Maria Rilke am 23. März 1897 in seinem Tagebuch. Einmalig öffnet sich das Panorama auf den See und sein Umfeld. Durch ein großes Tor geht es hinein in den beeindruckenden Schlosshof. Zu besichtigen sind die beiden Türme, die Torre Renghera ganz oben sowie die Torre Grande, herrschaftliche Säle und Kammern. Kunsthistorisch wertvoll ist der profane Freskenzyklus aus dem 14. Jahrhundert, der Szenen aus dem mittelalterlichen Hofleben darstellt: adelige Damen, tapfere Ritter und noble Männer beim Schachspiel – bis hin zum Heiligen Georg, dem Drachentöter.

BESUCH IN ARCO

Den Besuch von Arco beginnen wir auf der Piazzetta San Giuseppe, gleich nach der Brücke über den Fluss Sarca. Hier steht der im 17. Jahrhundert von den Grafen von Arco erbaute Palazzo dei Panni, vorübergehend eine Wollfabrik und heute Sitz der Stadtbibliothek und des Ateliers Segantini. Weiter geht's über die Via Giovanni Segantini zur schmucken Piazza III Novembre mit dem Palazzo Nuovo und dem Palazzo di Piazza, dem heutigen Rathaus. Die Kollegiatskirche von Arco, die Pieve di Santa Maria Assunta,

Schloss Arco, eine der schönsten und beeindruckendsten Burganlagen des Trentino

wurde in den Jahren 1613–1671 im Stile der Spätrenaissance erbaut und überrascht mit ihrer majestätischen Schlichtheit und ihrer inneren Harmonie. Links von der Kirche steht der mit Fresken geschmückte Palazzo Marchetti aus dem 15. Jahrhundert. Auf dem Platz gleich hinter der Kirche liegt der Eingang zu den groß angelegten Kurgärten der Stadt.

PROBIEREN SIE UNBEDINGT die Carne salada in der Trattoria Belvedere, etwas außerhalb von Arco in Richtung Tenno gelegen (Varignano di Arco, Via Serafini 2, Arco, Tel. +39/0464/516144, trattoriabelvedere.it).

DIE KELLEREI UND Ölmühle Madonna delle Vittorie bietet ausgezeichnete Produkte, auch Olivenöl aus entkernten Oliven (Loc. Linfano, Via Linfano 81, Arco, Tel. +39/0464/505432, madonnadellevittorie.it). Ebenfalls einen Besuch wert: der Antiquitätenmarkt unter freiem Himmel an jedem 3. Samstag des Monats auf dem Platz um die Kollegiatskirche.

◀ Wandern auf den Spuren von Rilke ▶ Am Gardasee gibt es viele Radwege.

RILKE-PROMENADE

Rainer Maria Rilke, 1875 in Prag geboren und 1926 in Valmont bei Montreux in der Schweiz verstorben, weilte in den Jahren 1897–1910 immer wieder in Arco, teils selbst als Kurgast oder zu Besuch bei seiner Mutter Sophie Phia, welche sich öfters in der Gegend aufhielt. Inspiriert von der einmaligen Umgebung entstanden hier gar einige Jugendwerke Rilkes, etwa »Nacht. Von den Treppen hängt das welke Haus« und »Die Kirche von Nago« oder Teile seiner Sammlungen »Verstreute und nachgelassene Gedichte«, »Mir zur Feier«, »Fahrten«, »Landschaft« und »Lieder der Mädchen«.

Die Rilke-Promenade lädt dazu ein, versteckte und noch teils wenig bekannte Ecken und Plätze der Umgebung von Arco zu entdecken. Plätze und Wege, auf denen einst die Kurgäste des Kurortes wandelten und die auch Rilke in sein Herz geschlossen hat. Zum Rundweg zählen insgesamt elf Stationen in und um Arco. Tafeln mit Texten von Rilke sowie Ausschnitte aus den bekannten Reiseführern jener Zeit, vor allem von Max Kuntze und Emilio Vambianchi, laden zum Vertiefen und zum Verweilen ein.

LITERARISCHE SPAZIERGÄNGE

Die einzelnen Schauplätze der literarischen Rundreise können unabhängig voneinander besucht werden. Wichtig ist nur, sich Zeit zu nehmen, die Natur und Landschaft um Arco in sich aufzunehmen und den Charme teils vergessener Pfade und Plätze auf sich wirken zu lassen. Unter den elf Zielen der Spazierwege befinden sich die Einsiedelei Eremo San Paolo, die Piazza San Giuseppe, die Burgruine Arco, der Park der erzherzoglichen Villa, Santa Maria di Laghel, die Moritzruhe, die Kirche San Antonio in Chiarano oder »I Mulini«, die Mühlen. An der fünften Station der Promenade, vor dem Eingangsportal zur Burgruine von Arco, steht das von Rilke am 19. März 1897 verfasste Gedicht aus dem Zyklus »Nachgelassene Gedichte«.

Wir standen Hand in Hand und schwiegen
und deine Augen träumten hell.
Schon kam die Nacht auf stillen Stiegen
ins abendeinsame Castell.
Und tausend leise Türen gingen,
und seltsam rauschte ein Gewand,
und hoch wie blasse Blüten hingen
die Sterne überm Mauerrand.

(Rainer Maria Rilke, 19. März 1897, Arco)

ARCO IST HEUTE vor allem als Stadt des Freeclimbing bekannt. Alljährlich findet im September der Rock-Master, ein internationaler Kletterwettbewerb, statt, an dem Sportler aus der ganzen Welt teilnehmen (www.rockmaster.com).

DER SARCA-RADWEG

Der Fuß- und Radweg der Valle dei Laghi, auch Sarca-Radweg genannt, beginnt in Torbole am Ufer des Gardasees in der Nähe der Mündung des Flusses Sarca und folgt dem Wildbach Sarca entgegen seiner Fließrichtung. Der Radwanderweg unterteilt sich in zwei Abschnitte: Der erste führt von Torbole nach Dro und ist elf Kilometer lang, der zweite verläuft auf vier Kilometern Länge von Pietramurata nach Sarche. Die gut ausgeschilderte Strecke führt am rechten Ufer des Flusses Sarca entlang.

AUF EINEN BLICK

Info

STADT: Arco
BESTE REISEZEIT: März–November
OPTIMALE REISEDAUER: 2–3 Tage
TOURISTINFO: Touristinfo Arco, Viale delle Palme 1, Arco, Tel. +39/0464/532255, gardatrentino.it/de

SEHENSWÜRDIGKEITEN

BURGRUINE ARCO: Via Castello, Arco, Tel. +39/0464/510156, comune.arco.tn.it

PARCO ARCIDUCALE – ARBORETUM: Ein wahres botanisches Paradies. Auch für erholsame Spaziergänge. Freier Eintritt. Via Lomego, Arco, Tel. +39/0464/583636

GALLERIA CIVICA GIOVANNI SEGANTINI: Wechselnde Ausstellungen, freier Eintritt. Palazzo dei Panni, Via Segantini 9, Arco, Tel. +39/0464/583653

CHIESA DI SAN ROCCO: Die Wallfahrtskirche aus dem 15. Jahrhundert hat drei mit Gemälden der venezianischen Schule versehene Altäre. Die Wände im Inneren zeigen mit eindrucksvollen Fresken unter anderem die Passion Christi. Piazza San Rocco 18-3, Arco

EINSIEDELEI EREMO SAN PAOLO: Kleine, 1186 geweihte und eng an eine Felswand des Collodrizuges gebaute Kapelle. Im Juli und August ist die Einsiedelei jeden Sonntag von 10–12 Uhr sowie von 16–19 Uhr geöffnet. Via dei Legionari Cecoslovacchi, Arco

KIRCHE SANT'APOLLINARE: Mittelalterliche Kirche mit sehenswerten Fresken aus dem 14. bis 16. Jahrhundert.

CAMPING ARCO

ADRESSE: Località Prabi, Via dei Legionari Cecoslovacchi 12, Arco, Tel. +39/0464/517491, nuovo.arcoturistica.com/de camping-arco-home.html

GPS: 45.92697, 10.89186

Der Campingplatz liegt 600 Meter vom Zentrum Arcos entfernt und befindet sich in einer ruhigen Lage am Fuße des Monte Colodri, direkt am Fluss Sarca. Mit Minimarkt, Bar, Restaurant und Pizzeria.

▲ Campingplatz am Fluss Sarca, zu Füßen des Schlossbergs ◀ Ein Hauch vom alten Habsburg weht durch Arco. ▶ Typisch Trentino: kleine Jause zur Stärkung

STELLPLATZ PARKING P1 ARCO

ADRESSE: Via Paolina Caproni Maini 12–20, Arco

GPS: 45.92231, 10.88990

Der Platz ist kostenpflichtig (per Automat) und ganzjährig nutzbar.

AGRICAMP ALTOGARDA

ADRESSE: Via Mantova, Arco, Tel. +39/339/1249553, agricampaltogarda.com

GPS: 45.91113, 10.88030

Neu errichteter Camping mit 15 Stellplätzen mitten in der Natur, fünf Minuten vom Zentrum von Arco entfernt.

RIVA DEL GARDA

Perle im Norden des Gardasees

Die Gardaseewinde bieten ausgezeichnete Voraussetzungen für Wassersport.

Zitronen- und Olivenbäume, Palmen und Lorbeersträucher - in Riva del Garda beginnt der Süden. Hier im Norden des Sees sind die Übergänge besonders stark zu spüren. Mächtige Bergrücken bilden einen schützenden Wall um die Stadt, der vom Süden her über den See mediterranes Flair eingehaucht wird.

Riva del Garda ist der Hauptort des nördlichen Gardaseegebiets, das noch zur Provinz Trient gehört. Mit seinen 16 000 Einwohnern ist Riva nach Desenzano im Süden die zweitgrößte Ortschaft am See. Bereits zur Römerzeit war die Gegend hier besiedelt. Im Laufe der Jahrhunderte kämpften dann die verschiedensten Herrscherfamilien um die Vorherrschaft in diesem strategisch wichtigen Gebiet. Erst seit 1919 gehört Riva zu Italien. Davor hatte die Monarchie von Österreich-Ungarn dem Ort lange Zeit ihren Stempel aufgedrückt. Noch heute sind die Einflüsse der zwei Kulturen an jeder Ecke deutlich zu spüren und prägen auch die besondere Atmosphäre der Stadt.

Im Laufe des 19. Jahrhunderts entwickelte sich Riva zu einem der beliebtesten Kur- und Touristenorte am Gardasee. Dafür verantwortlich sind nicht nur das milde Klima und die charmante Ausstrahlung der Stadt. Ein attraktives Angebot an Kultur-, Sport- und Freizeitmöglichkeiten sowie unzählige Sehenswürdigkeiten und herrliche Ausflugsziele in der Umgebung machen die Gegend das ganze Jahr hindurch zu einem Anziehungspunkt für Alt und Jung. Weite, sonnige Strände, Palmenalleen längs der Uferpromenade und die unwiderstehliche Anziehungskraft des Wassers tragen das ihre dazu bei.

RUNDGANG DURCH RIVA DEL GARDA

Die Torre Apponale, der 34 Meter hohe, frei stehende und leicht schiefe Uhrturm aus dem Jahr 1220, bildet das Wahrzeichen von Riva. Der Turm prägt auch das Zentrum der Stadt mit der malerischen Piazza III Novembre direkt am Hafen. Erbaut wurde er aus großen Quadersteinen als Wachturm über den Hafen des alten Handels- und Marktzentrums. Es lohnt sich, seine 165 Stufen bis hinauf auf die Turmspitze zu erklimmen.

Dann ist es natürlich die nur wenige Hundert Meter entfernte Rocca di Riva, die vollständig von einem Wassergraben umgebene Stadtburg, die im historischen Zentrum besonders hervorsticht. 1124 errichteten die Bürger von Riva direkt am Ufer des Sees ihre neue Festung. Seither begleitet die Rocca die Geschichte der Stadt. Im 16. Jahrhundert schlugen die Fürstbischöfe von Trient vorübergehend ihre Residenz hier auf. Mitte des 19. Jahrhunderts bauten die Österreicher die Burg zu einer Militärkaserne um. In der Rocca sind heute das Stadtmuseum mit naturkundlichen, archäologischen und frühgeschichtlichen Sammlungen sowie eine sehenswerte Pinakothek untergebracht. Der Hauptturm lädt mit einer schönen Aussicht zum Besuch ein.

Die verkehrsfreie Altstadt mit ihrem lebhaften Zentrum wird von historischen Palazzi aus der Zeit der venezianischen Herrschaft sowie von zahlreichen Zeugen einer geschichtsträchtigen Vergangenheit geprägt. Bei unserem Stadtrundgang dürfen der Palazzo Pretorio aus dem Jahr 1375 und das zwischen dem zwölften und dem 15. Jahrhundert erbaute Rathaus nicht fehlen. Der Palazzo Pretorio wurde vermutlich im 14. Jahrhundert durch die Scaligeri, die Herren von Verona, erbaut. Unter seiner Loggia fand die Rechtsprechung durch den Stadtvogt statt. Durch die Porta Bruciata ist er mit dem Rathaus verbunden.

Beeindruckende Beispiele der Barockarchitektur sind die Kirche der Inviolata und Santa Maria Assunta. Die Pfarrkirche Santa Maria Assunta an der Piazza Cavour wurde 1728 auf den Grundmauern einer Kirche aus dem elften Jahrhundert neu errichtet. Die beeindruckende Inviolata wurde 1603 von einem portugiesischen Architekten im manuelinischen Stil gebaut und ist Rivas größter Kunstschatz.

HERRLICHE EISBECHER UND eine riesige Geschmacksvielfalt findet man in der Gelateria Flora vor. Hier schmecken sowohl die dunkle als auch die weiße heiße Schokolade, aber auch der klassische Cappuccino (Viale Rovereto 54, Riva del Garda, Tel. +39/0464/551671, facebook.com/bargelateria.flora).

DIE AGRARIA RIVA del Garda ist eine Genossenschaftskellerei und Ölmühle mit Qualität und großem Angebot an lokalen Spezialitäten (Via San Nazzaro 4, Riva del Garda, Tel. +39/0464/552133, agririva.it). Jeden 2. und 4. Mittwoch im Monat findet auf dem Viale Dante in Riva del Garda der Wochenmarkt statt.

◀ Die Bastion von Riva thront über der Stadt. ▶ Aussichtsterrasse am Monte Brione

ELDORADO FÜR SPORT UND FREIZEIT

Im Westen wird Riva vom Monte Rocchetta der majestätischen Brentagruppe begrenzt, im Osten vom Gebirgsrücken des Monte Brione. Dazwischen breiten sich einladende Strände, Buchten und Häfen aus. Sport in all seinen Facetten ist dementsprechend auch das Leitmotiv von Riva. Die berühmten Gardaseewinde, der Nordwind Pelèr am Morgen und der Südwind Ora am Nachmittag, bieten verlässlich und pünktlich fast jeden Tag ausgezeichnete Voraussetzungen für die vielfältigsten **Wassersportarten** und machen den Ort zu einem der bekanntesten Treffpunkte für Windsurfer und Segler, vor allem den Porto San Nicolò, den Sporthafen von Riva mit Kiesstrand, Rasenflächen und gemütlicher Hafenkneipe. Sonnenanbeter und Wasserratten finden hier einen der schönsten und längsten Badestrände am See.

MONTE BRIONE

Der Monte Brione ist ein kleines Mittelgebirge im unteren Sarcatal zwischen Riva del Garda und Torbole, ein 374 Meter hoher Hügel mit einer natürlichen Aussichtsplattform auf den Gardasee: ein einladendes Naturschutzgebiet für Wanderungen und Spaziergänge durch die mediterrane Landschaftskulisse.

▲ Alles startklar für eine Schifffahrt über den Gardasee ◀ Historische Palazzi im Zentrum von Riva ▶ Ein letzter Blick auf den Fahrplan, dann geht es los.

Ein großer Teil des Monte Bondone steht mit seiner einmaligen Vegetation unter Naturschutz. Genau 66,28 Hektar gehören zum geschützten Biotop, eine beeindruckende klimatische, botanische, geologische und historische Oase. Die ehemaligen Militärwege haben sich mittlerweile in einladende Friedenswege verwandelt. Der Berg bietet für Wanderer und Sportler als wunderbarer Aussichtspunkt ein lohnendes Ziel.

Zum Gipfel führen sowohl eine Fahrstraße als auch ein Wanderweg. Fahrradfahrer finden am Beginn eine asphaltierte Straße vor. Weiter oben wechselt die Strecke in einen Schotterweg. Da gelangt jeder problemlos bis an den Gipfel.

2

AUF DEM GARDASEE UNTERWEGS

Wer den Gardasee von seiner besten Seite kennenlernen will, der wählt eine Schifffahrt über den See. Linienschiffe, Schnellboote, Ausflugsboote und Fährschiffe der Schifffahrtsgesellschaft Navigarda laden dazu ein. Die meisten größeren Orte des Gardasees sind über Fährverbindungen zu erreichen und miteinander verbunden. Die Strecken der öffentlichen Schiffslinie verbinden das nördliche und südliche Ufer des Gardasees mit Anlegestellen an den schönsten Ortschaften am Seeufer.
Wir haben die Wahl zwischen einer gemütlichen Panoramafahrt auf einem der Ausflugsdampfer und der zeitsparenderen Variante der Fährschiffe, Katamarane und Aliscafi, welche uns in kurzer Zeit von einem Ort zum nächsten bringen. Da haben wir ausreichend Zeit zur Besichtigung und zum Bummeln durch die am Seeufer gelegenen Orte. Eine Fahrt vom Norden in den Süden, die längste Strecke von Riva nach Pescheria etwa, dauert über fünf Stunden.

Wer mit dem Auto in kürzester Zeit auf die andere Uferseite gelangen will, für den gibt es zwei Möglichkeiten: die Autofähre von Torri del Benaco nach Toscolano-Maderno und umgekehrt sowie in den Sommermonaten von Juni bis September die Linie von Limone nach Malcesine und zurück.

NAVIGARDA, DIE OFFIZIELLE Schifffahrtsgesellschaft, sorgt für Mobilität auf dem Wasser: ob Tagesausflug, Besichtigungstour, Silvesterevent oder eine Überquerung des Gardasees mit der Autofähre (navigazionelaghi.it).
Bei Ausflügen mit dem Schiff können Fahrgäste an einem der aufgeführten Häfen aussteigen, den Tag dort verbringen und dann wieder in Richtung Ausgangsort zurückfahren.
Von Riva nach Toscolano-Maderno: Riva (Start), dann Torbole, Limone, Malcesine, Gargnano, Maderno, Gardone und Salò.
Von Salò/Gardone bis nach Garda/Lazise: Salò (Start), dann Gardone, Garda, Bardolino, Lazise und Peschiera.
Von Salò/Gardone bis nach Sirmione/Desenzano: Saló (Start), dann Gardone, Portese, Sirmione, Desenzano.

AUF EINEN BLICK

Info

STADT: Riva del Garda
BESTE REISEZEIT: März–November
OPTIMALE REISEDAUER: 2–3 Tage
TOURISTINFO: Touristinfo Riva del Garda, Largo Medaglie d'Oro al Valor Militare 55, Riva del Garda, Tel. +39/0464/554444, gardatrentino.it/de

SEHENSWÜRDIGKEITEN

ROCCA DI RIVA: Stadtmuseum und Pinakothek. Piazza Cesare Battisti 3, Riva del Garda, Tel. +39/0464/573869, museoaltogarda.it
TORRE APPONALE: Herrliche Aussicht auf die Stadt Riva und den Gardasee. Von März bis Oktober jeweils von 10–18 Uhr geöffnet. Piazza III Novembre, Riva del Garda, Tel. +39/0464/573869
PALAZZO PRETORIO: Im 14. Jahrhundert durch die Scaligeri erbautes Stadtpalais. Piazza III Novembre, Riva del Garda
KIRCHE SANTA MARIA ASSUNTA: 1728 erbaute Pfarrkirche in der Stadtmitte an der Piazza Cavour.
KIRCHE DER INVIOLATA: Im manuelinischen Stil erbaute Kirche aus dem 17. Jahrhundert. Viale Roma 50, Riva del Garda
KIRCHE SAN TOMMASO DI CANTERBURY: Romanische Landkirche aus dem 13. Jahrhundert an der Straße von Riva nach Arco. Via San Tomaso 63, Riva del Garda
FESTUNG MONTE BRIONE: Anmeldung erforderlich bei Ingarda Trentino (siehe Touristinfo)

CAMPING BAVARIA

ADRESSE: Viale Rovereto 100, Riva del Garda, Tel. +39/0464/552524, campeggiobavaria.it
GPS: 45.88668, 10.85517
Der Campingplatz Bavaria liegt direkt am Gardasee, in nächster Nähe vom historischen Zentrum von Riva del Garda und direkt am Fahrradweg. Für Surfer gibt es eine reservierte Zone, der Segelhafen ist 100 Meter entfernt. Pizzeria und Restaurant auf dem Campinggelände.

▲ Radfahren am Hafen von Garda ▼ Camping Bavaria am Monte Brione.

CAMPING ZOO ARCO

ADRESSE: Via dei Legionari Cecoslovacchi 24, Arco, Tel.+39/0464/516232, campingzoo.it

GPS: 45.93265, 10.89243

Camping Zoo, der ideale Ort für Tier- und Naturfreunde, befindet sich in der ruhigen Gegend der Massi di Prabi bei Arco.

NAGO & TORBOLE

Das Tor zum Gardasee

Torbole, das internationale Eldorado für Windsurfer und Segler

3

Gleich in der ersten steilen Kurve hinter Nago - knappe zehn Kilometer nach der Autobahnausfahrt Rovereto Sud - tut sich der Blick auf den Gardasee auf: beindruckend tiefblau und eingebettet zwischen markanten Felswänden. Im Nordosten des Gardasees, dort wo der Fluss Sarca in den See mündet, liegt Torbole, das internationale Eldorado für Windsurfer und Segler.

Von Nago aus haben wir eine herrliche Sicht auf den See. Das Dörfchen liegt auf der 200 Meter hohen felsigen Anhöhe nördlich von Torbole und bildet den Übergang auf der Hauptverbindungsstraße zwischen dem nahen Etschtal und dem nördlichen Teil des Gardasees. Der Castello Penede, die Burg von Nago, und die österreichisch-ungarischen Festungen als strategische Überwachungspunkte auf dem wichtigen Durchzugsweg von Rovereto sind heute noch lebendige Zeugen einer turbulenten Vergangenheit.
Bis 1703 wurde von der Burg Penede aus, die wie ein Adlernest auf einem Felsvorsprung über dem See thront, die Zugangsstraße zum See überwacht. Von der Burg sind nur mehr Ruinen erhalten. Die Festungsbauten zählen dafür zu den am besten erhaltenen antiken Beispielen der österreichisch-ungarischen Militärarchitektur. Hier ist heute das Stadtmuseum untergebracht.

EIN CHARMANTES DÖRFCHEN

Der Ort selbst ist ein charmantes Dörfchen mit malerischen Gassen und Ecken, alten Dorfbrunnen, mittelalterlichen Torbögen, versteckten Innenhöfen, bunten Murales mit der Abbildung historischer Berufe an den Hausmauern - eingebettet in eine bereits mediterran angehauchte Vegetation. Gut ausgebaute touristische Infrastrukturen mit Gasthäusern, Restaurants und Geschäften laden die Gardaseetouristen bereits hier - zu oft günstigeren Preisen als unten am See - zur Einkehr.
Nago bildet mit dem unten an der Sarcamündung am nordöstlichen Seeufer gelegenen Torbole eine Gemeinde. Zwischen Nago und Torbole führt ein schöner Spaziergang zu den »Marmitte dei Giganti«, den sogenannten Gletschermühlen der Riesen, beeindruckenden eiszeitlichen Gruben aus dem Quartär. Diese sind über einen ausgeschilderten Fußweg mit herrlichem Panoramablick zu erreichen.

3

Auch der für seinen botanischen Reichtum bekannte Naturpark Monte Baldo liegt auf dem Gebiet von Nago-Torbole. Gleich mehrere spannende Wanderwege führen kreuz und quer durch diesen einmaligen »Garten Europas«. Besonders empfehlenswert ist die landschaftlich einmalige, wenn auch etwas anspruchsvolle Wanderung über Busatte oberhalb von Torbole nach Tempesta, der ehemaligen Grenzfestung zwischen Österreich-Ungarn und Italien. Oder wir stecken uns als Ziel gleich den 2079 Meter hohen Altissimo, den höchsten Gipfel des Monte Baldo in der Provinz Trient.

IM RISTORANTE AL Forte Alto isst man in historischem Ambiente in der alten Festung (Via Castel Penede 26, Nago, Tel. +39/0464/505566, alfortealto.it). Täglich frischen Fisch, hausgemachte Nudelgerichte sowie im Holzofen gebackene Pizza gibt es im Ristorante Pizzeria La Villa (Via S. Sighele 9, Nago, Tel. +39/0464/505047, ristorantelavilla.com).

EIN GROSSER FLOHMARKT findet abwechselnd jeden dritten Sonntag im Monat von Mai bis September in Nago oder in Torbole von 8–19 Uhr statt.

TORBOLE, DAS SEGEL- UND SURFZENTRUM

Zahlreiche Windsurfschulen und das alljährliche internationale Surffestival locken Menschen aus aller Herren Länder in die reizende Ortschaft. Dabei sind es vor allem die Winde, die Torbole berühmt gemacht haben. Schon für Goethe waren diese »ein herrliches Naturphänomen und faszinierendes Naturschauspiel«. Auf den »Pelèr« am Morgen und die »Ora« am Nachmittag ist Verlass. Pünktlich beginnen sie jeden Tag zu blasen, mit Windstärken zwischen 5 und 7 Bft auf der internationalen Beaufortskala. Für ideale Bedingungen auf dem Surfbrett und Segelboot ist mit Garantie gesorgt. Die Gemeinde Nago-Torbole mit ihren knapp 2800 Einwohnern besteht aus drei Orten: Torbole liegt direkt an der Küstenstraße Gardesana Orientale, 68 Meter über dem Meeresspiegel. Nago befindet sich hoch oberhalb von Torbole, auf über 200 Metern, und öffnet für den Reisenden den ersten Blick auf den Gardasee. Tempesta schließlich besteht lediglich aus einigen Häusern am Ostufer des Gardasees südlich von

Blick auf das Surferparadies am See von Nago aus

Torbole. Hier bildet die Gemeindegrenze gleichzeitig die Grenze zwischen den Provinzen Trentino und Verona (Venetien).

MALERISCHER ORTSKERN

An der **Casa Alberti**, im historischen Ortskern von Torbole, erinnert eine Gedenktafel an den Besuch von Johann Wolfgang von Goethe am 12. September 1786. An der Fassade des einstigen Künstlertreffs **Casa Beust** spricht der Heilige Antonius auf einem großen Wandgemälde von Hans Lietzmann mit den Fischen. Am malerischsten zeigt sich Torbole in seinem kleinen **Hafen**. Auf der Mole im Hafenbecken steht ein kleines Zollhaus aus der Zeit der K.-u.-k.-Monarchie. Bis zum Ersten Weltkrieg verlief hier die Grenze zwischen Italien und Österreich. Die Ursprünge des Häuschens liegen vermutlich noch weiter zurück. Ein Relief an der Außenmauer erinnert an die Zeit der venezianischen Herrschaft. Das Zollhaus ist im Privatbesitz der Familie Tonelli und wird in den Sommermonaten zwischendurch als Bar genutzt. Auch für Wanderer, Mountainbiker oder Radfahrer hat Torbole einiges zu bieten: Die Berge der Umgebung, der Monte Baldo und die zauberhafte Natur laden zum Verweilen ein.

Die Marmitte dei Giganti, die Gletschermühlen der Riesen, zwischen Nago und Torbole

WÄHREND SICH SURFER und Sportler im Surfer's Grill treffen (Via Sarca Vecchio 5, Torbole, Tel. +39/0464/505930, surfersgrill.it), serviert das Ristorante La Terrazza köstliche Fischkreationen mit spektakulärem Blick auf den See (Via Benaco 24, Torbole, Tel. +39/0464/506083, www.allaterrazza.com). Ebenfalls empfehlenswert ist das Ristorante l'Onda mit gehobener Küche direkt am Strand (Hotel Baia Azzurra, Via Gardesana 33, Nago-Torbole, Tel. +39/0464/505168, www.baia.it).

Tipps

Die Fiera di Santa Maria Maddalena, das Fest der Heiligen Magdalena, wird in Torbole alljährlich am 22. Juli, dem Festtag der Heiligen, gefeiert – seit dem Jahr 1774 – mit einem großen Markt und einladendem Rahmenprogramm. Internationale Jazzgrößen treffen sich auf dem Garda Jazz Festival in Torbole und Umgebung, in der Regel etwa im Juli (gardajazz.com).

Die erneuerten und erweiterten Rad-Fußwege am Seeufer verbinden Torbole mit Riva del Garda. Ein netter Ausflug, zu Fuß oder mit dem Fahrrad. In den Sommermonaten ist hier einiges los – für Radfahrer gilt also: Bitte auf Spaziergänger achten.

3

PARCO DELLE BUSATTE

Fern vom Trubel unten am See und doch leicht erreichbar, liegt der Abenteuerpark **Busatte Adventure** oberhalb von Torbole auf einem exponierten Hochplateau des Monte Baldo. Mehrere Wanderwege mit Panoramablick kreuzen sich hier, jahrhundertealte Olivenbäume und Kiefern sowie grüne Wiesen laden zum Erholen und Verschnaufen ein.

Erlebnis und Abenteuer pur sind hier ohnehin garantiert. Die 30 000 Quadratmeter des Abenteuerparks sind ganz dem Sport, der Gesundheit und dem Naturerlebnis gewidmet. Da kommt jeder Abenteuerlustige und Sportbegeisterte auf seine Kosten. Kinder, Jugendliche, Familien, Gruppen und Sportler erwartet ein abenteuerlicher Parcours in den Baumwipfeln hoch über dem Gardasee. Fünf Rundgänge mit 50 Plattformen auf Höhen zwischen zwei und zehn Metern laden die verschiedenen Altersstufen und mit unterschiedlichem Schwierigkeitsgrad zum Klettern, Rutschen, Springen, Austoben und Ausloten der eigenen Grenzen. Das erfahrene Team des Parks sorgt für Spannung, Animation und Sicherheit.

◀ Der Abenteuerpark Busatte Adventure ▶ Naturimpressionen am Gardasee

AUF EINEN BLICK

Info

STÄDTE: Nago, Torbole
BESTE REISEZEIT: März–November
OPTIMALE REISEDAUER: 2–3 Tage
TOURISTINFO: Touristinfo Nago-Torbole, Lungolago Conca d'Oro 25, Torbole, Tel.+39/0464/505177, gardatrentino.it

SEHENSWÜRDIGKEITEN

CHIESA DI SANT'ANDREA: Die etwas oberhalb von Torbole gelegene Kirche ist dem Schutzpatron der Fischer geweiht. Sie wurde in spätbarockem Stil erbaut. Via della Chiesa 3, Torbole
KIRCHEN IN NAGO: Die Pieve di San Vigilio aus dem 13. Jahrhundert und die Kirche della Trinità aus dem 18. Jahrhundert lohnen einen Besuch.
MARMITTE DEI GIGANTI: Die »Gletschermühlen der Riesen«, beeindruckende eiszeitliche Gruben aus dem Quartär, sind über einen ausgeschilderten Fußweg mit herrlichem Panoramablick zu erreichen.
BUSSATTE ADVENTURE: Via Marocche, Nago-Torbole, Tel. +39/347/2880570, busatteadventure.it
VALLETTA DI SANTA LUCIA: In der Valletta di Santa Lucia dominiert unangefochten die Natur. Hier zeigt sich der Gardasee in seiner vollen Schönheit. Ein Panoramamaultierpfad führt über eine Strecke von vier Kilometern steil über dem See entlang.

◀ Im alten Zentrum von Nago ▶ Torbole: Ansicht vom See aus

Camping Arco Lido, mitten in der Natur ...

CAMPING ARCO LIDO

ADRESSE: Via Lungo Sarca 30, Arco, Tel. +39/0464/505077, nuovo.arcoturistica.com/camping-arco-lido-home.html

GPS: 45.87401, 10.86776

Ideale Umgebung für alle, die Urlaub im direkten Kontakt mit der Natur verbringen wollen, verbunden mit Sport und Entspannung. Entfernungen nach Torbole (600 Meter), Riva del Garda (2 Kilometer) und Arco (5 Kilometer).

CAMPING BELLAVISTA

ADRESSE: Via Gardesana 31, Arco, Tel. +39/0464/505644, camping-bellavista.it

GPS: 45.87744, 10.86646

Der Campingplatz liegt in der nördlichsten Bucht des Gardasees und bietet seinen Gästen seit über 60 Jahren die Möglichkeit, in einer der schönsten natürlichen Umgebungen des oberen Gardasees zu übernachten. Der Campingplatz befindet sich in einem üppigen Olivenhain und ist mit moderner Ausrüstung und geräumigen Stellplätzen (70–90 m²) ausgestattet, bietet viel Komfort, Camper-Service, Minimarkt, Bar und Pizzeria.

MALCESINE

Elegant und beliebt

Idyllisch gelegen: das mittelalterliche Malcesine mit seiner mächtigen Scaligerburg

4

In Malcesine stehen die mächtige Skaligerburg und der Palazzo dei Capitani im Mittelpunkt. Das mittelalterliche Dorf mit dem kleinen Hafen und den romantischen Gassen und Plätzen umrahmt das Ganze wie auf einem Bild - mit einer ganz besonders magischen Faszination.

Malcesine ist die am nördlichsten gelegene Ortschaft der Provinz Verona am Gardasee. Ein kleines Vorgebirge am Fuße des Monte Baldo macht Platz für das pittoreske Dorf mit seiner dominanten, im 13. Jahrhundert von den Skaligern, den Herren von Verona, erbauten Burg. Zahlreiche Geschäfte, Bars, Eisdielen und Restaurants beleben die engen, gepflasterten Gassen. Malcesine zählt zu den beliebtesten Touristenorten am Gardasee.

WECHSELVOLLE GECHICHTE

Die Etrusker waren die ersten, die sich hier auf dem kleinen Felsenhügel am See niedergelassen haben. Etruskische Grabkammern und Grabsteine, unter anderem auch im Felsenriff, auf dem sich die Burg erhebt, erinnern an die erste Besiedlungsepoche. Erzdiakon Pacifico taufte das Dorf im Jahr 844 nach Christus wohl aus diesem Grund »Males scilices - Klippe der Toten«. Andere Gelehrte finden im Wort Malcesine den Ausdruck »Mala Saxis - Böser Stein«, wegen der steinigen und kalkartigen Beschaffenheit des Gebietes. An die Zeit der Römer erinnern Überreste eines der Göttin Isis geweihten Tempels.

Wahrscheinlich gab es im Ort schon zur Zeit der gotischen Kriege eine kleine Festung auf der senkrecht zum See abfallenden Klippe. Die Langobarden unter König Alboin verstärkten die Anlage nach dem Einfall der Franken. Diese ließen sich in der zweiten Hälfte des achten Jahrhunderts in der Burg nieder. König Pippin der Kleine begegnete hier den heiligen Eremiten Benigno und Caro. Im zehnten Jahrhundert erhielt Malcesine nach den ungarischen Invasionen von König Berengar die Genehmigung, sich mit Mauern einzufrieden. Das östliche Tor, die Porta Orientale, ist das bekannteste heute noch erhaltene Tor der alten Verteidigungsmauern. Unter den Franken wurde die Gegend 1145 Lehen des Bischofs von Verona. Malcesine wurde einigermaßen unabhängig und erhielt sogar das Recht auf das Prägen eigener Münzen. Familien aus Malcesine erwarben Fischereivorrechte sowie Anrechte zur Nutzung der Weiden auf dem Monte Baldo.

4

DIE HERREN VON VERONA

Dann kamen die berühmten Scaligeri, die Herren von Verona. Alberto I. della Scala ließ ab 1277 die Burg sorgfältig restaurieren und baute sie großzügig um. Die Burg wurde zum Castello Scaligero und zu einer der imposantesten Burganlagen am Gardasee.

Im 13. Jahrhundert schloss Malcesine unter dem Schutz der »Serenissima Repubblica di Venezia« gemeinsam mit neun weiteren Gemeinden den Bund der »Gardesana dell'Acqua«. Deren Seekapitän war für die öffentliche Ordnung verantwortlich, seine Garnison in Malcesine stationiert. Die Kriegszüge von Napoleon gegen Österreich führten erst österreichische und dann französische Truppen nach Malcesine. Die Franzosen blieben nach dem Sturz von Venedig als Herrscher vor Ort. Mit dem Ende der Napoleonischen Zeit kam Malcesine unter österreichische Vorherrschaft und 1866 schließlich zum Königreich Italien.

NIE ZU KALT UND NIE ZU WARM

Das Klima von Malcesine ist im Vergleich zum südlicheren See gemäßigter und sehr verträglich. »In Malcesine ist es nie zu kalt oder zu warm«, heißt es. Schon Franz Kafka genoss 1909 das milde Klima. Gustav Klimt ließ sich 1913 in Cassone, einer der beiden Fraktionen von Malcesine, zu einigen bekannten Landschaftsbildern inspirieren. Johann Wolfgang von Goethe kam auf seiner Italienreise selbstverständlich auch nicht an Malcesine vorbei. Das Gemeindegebiet erstreckt sich vom Seespiegel bis hinauf auf 2000 Meter zum Monte Baldo, der aufgrund seiner zahlreichen Pflanzensorten als »Botanischer Garten Europas« gilt. Eine Seilbahn führt hinauf zu der auf 1760 Metern gelegenen Ortschaft Tratto Spino – mit herrlichen Wander- und Radtouren, Möglichkeiten zum Paragleiten und einer fantastischen Aussicht.

Tipp

In 20 Minuten gelangt man mit den Drehkabinen der neuen Seilbahn auf den Monte Baldo – zum Wandern und Radfahren oder einfach nur wegen der wunderbaren Sicht über den ganzen Gardasee. Man kann auch nur bis nach San Michele zur Mittelstation mit der Seilbahn fahren und dann zu Fuß wieder nach Malcesine zurückwandern (funiviedelbaldo.it).

Auf den Monte Baldo: Die neue Drehkabinen-Seilbahn startet in Malcesine.

DIE SKALIGERBURG VON MALCESINE

Egal ob vom Wasser aus oder vom Land – die Skaligerburg von Malcesine ist schon von Weitem ein imposanter Blickfang. Der 31 Meter hohe, fünfeckige Turm ragt majestätisch und beeindruckend aus der Burganlage auf der Felsklippe hervor und prägt das Bild der Stadt. Die Häuser schmiegen sich förmlich im Halbkreis an die Burg und die mittelalterlichen Stadtmauern. Die mit Pflastersteinen gedeckten Gassen führen ebenfalls alle in irgendeiner Form hinauf zum Castello. Und auf der anderen Seite fallen die Felsklippen senkrecht hinab zum See.

Die **»Casermetta«**, die kleine Kaserne im ersten Innenhof, beherbergt das Regionalmuseum Gardasee und Monte Baldo. Steigen wir in den oberen Palast empor, gelangen wir in die von Österreich erbaute Waffenkammer. Diese ist heute unter dem Namen »Goethe-Zimmer« bekannt. Hier können wir auf den Spuren des reisenden Dichterfürsten wandeln.

Von einem weiteren Innenhof aus kommen wir in die mediterranen Gärten unterhalb der dicken Mauern und zum Palazzo dei Capitani del Lago am Hafen. Unter dem Erdgeschoss, tief in die Felsen gehauen, entdecken wir zwei Eingänge zu den alten Kerkern der Burg. Wieder zurück im Freien steigen wir noch über eine Treppe in den Kongresssaal hinauf. Von hier kommen wir auch auf die Turmspitze mit der großen Glocke aus dem Jahr 1442 und einer wunderschönen Aussicht.

Goethe-Büste im Garten der Scaligerburg von Malcesine

SPION GOETHE

Die Goethe-Büste am Fuß der Burgruine von Malcesine erinnert an seinen Besuch in der Stadt am 13. September 1786. Bei seinem Aufenthalt stieg Goethe auf die Burg und begann zu zeichnen. »Ich saß nicht lange«, schrieb er später, »so kamen verschiedene Menschen in den Hof herein, betrachteten mich und gingen hin und wider. Die Menge vermehrte sich, blieb endlich stehen, so dass sie mich zuletzt umgab.«
Einer zerriss ihm schließlich die Skizze. Goethe wurde verdächtigt, ein feindlicher, österreichischer Spion zu sein. Es dauerte einige Zeit, bis geklärt werden konnte, dass Goethe aus Frankfurt stammte. In späteren Aufzeichnungen zeigte sich Goethe trotz des außergewöhnlichen Zwischenfalls äußerst angetan vom Ort und dessen Bewohnern.

Tipp

Die herrliche Uferpromenade lädt zu entspannten Spaziergängen. Richtung Süden kommen wir nach knapp fünf Kilometern zum malerischen Cassone, einer der beiden Fraktionen von Malcesine. Auf der Promenade nach Norden erreichen wir die andere Fraktion Navene.

4

STRÄNDE UND WASSERSPORT

Malcesine wartet mit mehreren Stränden auf: Der Strand Posterna ist der bekannteste Strand Malcesines. Er befindet sich unterhalb der Burg und ist eher klein. Der Strand Paina befindet sich 100 Meter weiter in Richtung Norden. Navene liegt im Norden Malcesines, danach folgt der Strand Campagnola, einer der größten Strände der Gegend. Idyllisch liegt auch die Bucht Val di Sogno mit ihrem Kiesstrand.

Malcesine ist ein wichtiges Ziel für alle Liebhaber von Segelsport, Wasserski, Wind- und Kitesurfen und ein idealer Ausgangspunkt für Spaziergänge und Ausflüge ins Hinterland. Die beständigen Winde, die in zyklischen Zeitabständen aus dem Norden und aus dem Süden wehen, begünstigen nicht nur den Wassersport, sondern auch das Paragleiten und das Drachenfliegen. Die größte Surf- und Segelschule am See bietet für alle – vom Anfänger bis zum Spezialisten – passende Kurse und Angebote (Malcesine, Tel. +39/0457/401697, stickl.com).

In den Sommermonaten entwickelt Malcesine zudem einen lebhaften Kulturbetrieb: Im Teatro Lacaor, dem suggestiven, natürlichen Freilichttheater zu Füßen des Castello Scaligero finden zahlreiche Konzerte statt.

DIE TAVERNA DEI Capitani ist ein stimmungsvolles Lokal am alten Hafen mit landestypischer Küche (Via Porto Vecchio 5, Tel. +39/045/7400005). Das Ristorante Vecchia Malcesine verzaubert mit seiner herrlichen Lage, großen Veranda mit Panoramablick und klassisch-innovativen Küche der Sonderklasse (Via Pisort 6, Tel. +39/335/6377699, vecchiamalcesine.com). In mittelalterlichem Ambiente speist man im Ristorante Re Lear, einem der renommierten Lokale am Gardasee (Piazza Cavour 23, Tel. +39/045/7400616, facebook.com/relearmalcesine).

IN DER ENOTECA Malcesine findet man eine große Auswahl an Weinen, Olivenölen und Spezialitäten aus der Gegend. Beliebt sind vor allem die Rotweine Amarone, Barbaresco, Barolo und Brunello di Montalcino sowie die Weißweine Valdostani, Soave Veronese, Vermentino und Greco di Tufo (Viale Roma 15, Malcesine, Tel. +39/045/7401046, enotecamalcesine.it).

AUF EINEN BLICK

Info

STADT: Malcesine
BESTE REISEZEIT: März-November
OPTIMALE REISEDAUER: 2–3 Tage
TOURISTINFO: Touristinfo Malcesine, Via Gardesana 238, Malcesine, +39/045/7400044, lagodigardaveneto.com

SEHENSWÜRDIGKEITEN

CASTELLO SCALIGERO: Das Museo di Storia Naturale del Baldo e del Garda sowie die Skaligerburg sind von Mitte März bis November täglich von 9–19 Uhr geöffnet. Via Castello, Malcesine, comunemalcesine.it

PALAZZO DEI CAPITANI: Via Capitanato del Lago 2, Malcesine, Tel. +39/045/6570499

GOETHEDENKMAL IM BURGGARTEN: Die Goethe-Büste am Fuß der Burgruine von Malcesine erinnert an seinen Besuch in der Stadt im September 1786.

DER KLEINSTE FLUSS DER WELT: Im Dorf Cassone, nur drei Kilometer von Malcesine entfernt, entspringt die Quelle des Aril. Der kleine Bach, in dessen glasklarem Wasser sich auch einige Forellen tummeln, schlängelt sich durch das historische Zentrum und mündet im historischen Hafen von Cassone in den Gardasee. Ganze 175 Meter lang ist der Aril, der kleinste Fluss der Welt.

CAMPING & APARTMENTS BELLAVISTA

ADRESSE: Via Gardesana 4, Cassone di Malcesine, Tel. +39/347/9768614, campingbellavistamalcesine.com
GPS: 45.73036, 10.78273
Die Anlage besteht aus einem großzügigen, mit Olivenbäumen bewachsenen Park mit einem kleinem Minimarkt und einer Pizzeria. Durch eine Unterführung erreicht man vom Campingplatz aus bequem den gegenüberliegenden Strand, wo es einen eigenen Steg gibt. Zum Service der Anlage gehören außerdem ein Sportplatz, ein Spielplatz, Waschmaschine und Bettwäscheverleih sowie ein Autowaschplatz.

▲ Willkommen im Camping Bellavista ◀ Unterwegs mit dem Schiff ▶ Die Scaligerburg in Malcesine: Sitz des Regionalmuseums Gardasee und Monte Baldo

CAMPING CLAUDIA

ADRESSE: Via Gardesana 394, Malcesine, Tel. +39/045/7400786, campingclaudia.it/malcesine

GPS: 45.78842, 10.82338

Der Campingplatz liegt zwischen zwei schönen Buchten im Norden von Malcesine, nur 30 Meter vom See entfernt. Einrichtungen: Minimarkt, Caffè mit Sonnenterrasse, Toiletten und warme Duschen, Tischtennis und kleiner Spielplatz für Kinder. Ideal als Stützpunkt für alle Sportarten wie Mountainbike, Segeln, Kanu, Tauchen, Free-Climbing, Tennis, Paragleiten ...

BRENZONE

Zwischen Wasser und Hochgebirge

Der Ortsteil Castelletto di Brenzone mit der vorgelagerten Isola Trimelone

5

Berg und See prägen das Landschaftsbild von Brenzone wie in kaum einer anderen Gemeinde am Gardasee. 16 kleine Ortschaften liegen verstreut am Fuße des Monte Baldo und am Ufer des Sees und sind Teil der Gemeinde mit ihren knapp 2500 Einwohnern. Flächenmäßig zählt Brenzone mit über 50 Quadratkilometern zu den größten Gemeinden am Gardasee. Dabei gibt es Brenzone als Ort gar nicht.

Direkt an der Küste des Gardasees - zwischen Malcesine und Garda - liegen die Ortsteile Castelletto, der Hauptort Magugnano, Porto und Assenza mit ihren pittoresken alten Fischerzentren und malerischen Hafenbecken. Sie laden mit schönen Seepromenaden, Uferwegen und Badestellen ein und sind für ihre Fischspezialitäten bekannt: vor allem für den Gardaseeaal und die Sardinen aus dem See, die frisch, in Salz eingelegt oder getrocknet zu den Delikatessen der Region zählen.
Castelletto di Brenzone ist mit seiner hübschen Altstadt der größte Ort der Gemeinde. Im zwölften Jahrhundert entsteht hier eines der größten Klöster am See, das heute dem Istituto Piccole Suore della Sacra Familia gehört. Die Ordensschwestern führen interessierte Besucher gerne durch die Klosteranlage. Südlich von Castelletto liegt inmitten eines mit Zypressen bewachsenen Friedhofs die romanische Kirche San Zeno aus dem elften Jahrhundert, eine der ältesten am Ostufer des Gardasees.
Die kleine romanische Kirche San Nicola di Bari in Assenza di Brenzone stammt aus dem 14. Jahrhundert und ist im Inneren mit schönen Fresken geschmückt. Vor Assenza liegt die Isola Trimelone, eine kleine, lang gestreckte Insel mit den Resten von massiven Militärbunkern. Im Ersten Weltkrieg wurde von hier aus das damals noch österreichische Riva bombardiert.

RUHE UND URSPRÜNGLICHKEIT

Eingebettet zwischen Olivenhainen und Kastanienwäldern im Hinterland verstecken sich Castello, Sommavilla, Pozzo, Borago, Boccino, Biaza, Fasor und Campo. All die kleinen Orte mit ihren engen, oft steilen Gassen, ihren alten Bauernhäusern und Landsitzen haben sich ihren bäuerlichen Charme und ihre ungezwungene Ursprünglichkeit bewahrt. Die unberührte Natur rund herum strahlt Ruhe aus. Jeder Ort ist Ausgangspunkt für Exkursionen auf den Monte Baldo - perfekt für Wanderer, Biker und Naturfreunde.

5

MONTE BALDO

Der Monte Baldo gleicht einer atemberaubende Naturterrasse - hoch oben über dem Gardasee. Über 360 Grad erstreckt sich die Rundumaussicht: von den schneebedeckten Gipfeln der Voralpen und den majestätischen Dolomiten über die gesamte Poebene bis hin zum Gebirgszug des Apennin im Süden.

37 Kilometer lang und bis zu elf Kilometer breit, erstreckt sich der Gebirgsrücken von Norden nach Süden hinein in die Veroneser Ebene. Dabei trennt der Monte Baldo das Ostufer des Gardasee vom Etschtal zwischen Rovereto und Verona.

Seine unteren Lagen sind dicht bewaldet. Die Gipfel bedeckt eine dünne Gras- und Heidedecke. Die höchsten Gipfel auf dem einmaligen Hochplateau erreichen Höhen von über 2000 Meter. Mit 2218 Metern Höhe ist die Cima Valdritta die höchste Erhebung.

Man kann den Monte Baldo sowohl mit der Seilbahn, zu Fuß, per Fahrrad oder mit dem Auto vom Etschtal aus erklimmen. Im Jahr 2002 wurde die neue, hochmoderne Seilbahn eingeweiht, die die Besucher in zehn Minuten von Malcesine hinauf zur Bergstation, dem »Tratto Spino«, transportiert.

DIE SEILBAHN MALCESINE-MONTE BALDO, auch Funivie del Baldo genannt, überwindet täglich von 8–18 Uhr in zehn Minuten die 1700 Meter von Malcesine auf den Monte Baldo. Dabei drehen sich die Kabinen auf dem zweiten Streckenabschnitt um sich selbst und bieten einen fantastischen 360-Grad-Panoramarundblick (Fahrpläne und Preise unter funiviedelbaldo.it).

WER VON DER Höhenluft Appetit bekommt, dem seien das Ristorante Baita dei Forti (Località Tratto Spiro 1, Ferrara di Monte Baldo, Tel. +39/045/7400319, baitadeiforti.com) an der Bergstation der Seilbahn, der Rifugio Telegrafo Gaetano Barana, das höchstgelegene Schutzhaus auf dem Monte Baldo auf 2147 Metern, oder das Ristorante La Capannina (Località Tratto Spino, Malcesine, Tel. +39/045/6570081, lacapanninamontebaldo.com), eine nette Schutzhütte in Panoramalage mit rustikal einheimischer Küche, empfohlen.

Beeindruckende Frühlingsstimmung auf dem Monte Baldo

ORTO BOTANICO MONTE BALDO

In Novezzina in der Gemeinde Ferrara di Monte Baldo lädt seit 1989 der Botanische Garten Monte Baldo zum Besuch. Auf 12 000 Quadratmetern in 1232 Metern Höhe wächst all das, was der Monte Baldo an Blumen und Pflanzen zu bieten hat – über 700 Arten, vorwiegend lokale, autochthone und einmalige Raritäten sowie Heilkräuter. Den ganzen Sommer über organisiert der Botanische Garten ein ansprechendes Programm an Führungen und Rahmenveranstaltungen mit Wanderungen, Exkursionen und Workshops zu verschiedenen Themen rund um die prächtige Pflanzenwelt.

OSSERVATORIO ASTRONOMICO DEL MONTE BALDO

Das astronomische Observatorium des Monte Baldo »Angelo Gelodi« liegt in der Nähe der Schutzhütte Novezzina. Geführt wird das Observatorium vom Verein der Astronomen Veronas »A. Cagnoli«. Regelmäßige Veranstaltungen und abendliche Öffnungszeiten laden alle Sternfreunde zum Besuch. Mit zwei 400-Millimeter-Teleskopen, einem Schmidt Cassegrain und einem Ritchey Chretien kann man sich auf nächtliche Entdeckungsreisen begeben.

5

SAN ZENO DI MONTAGNA

Das gemütliche Bergdorf San Zeno di Montagna liegt 700 Meter hoch in herrlich luftiger Lage an den sanften Hängen der südwestlichen Ausläufer des Monte Baldo über dem Gardasee - knappe 15 Kilometer von der Autobahnausfahrt Affi entfernt. Als Luftkurort lädt die Gemeinde zu erholsamen Ferien und ist idealer Ausgangspunkt für Wanderungen, Mountainbike- und Klettertouren in die Monte-Baldo-Region.

Die besondere Lage auf den hügeligen Terrassen hinab zum Gardasee sowie das vom See her geprägte milde Klima machen San Zeno zu einem ganz besonders idyllischen Ferienort. Vor allem für Feinschmecker ist San Zeno ein Begriff. Hier steht die **Gastronomie** - von der Berghütte bis zum Sternelokal - überall in enger Beziehung zu den Produkten der Land- und Almwirtschaft und bietet das Beste aus Küche und Keller.

DIE KÜCHE DES Ristorante Taverna Kus ist ausgezeichnet, die Weinkarte toll (Via Castello 14, San Zeno di Montagna, Tel. +39/045/7285667, ristoranteveronatavernakus.it). Das Sternerestaurant La Casa degli Spiriti kurz vor San Zeno ist ein Muss für Gourmets, Wein- und Landschaftsliebhaber (Via Monte Baldo 28, Costermano Verona, Tel. +39/045/6200766, casadeglispiriti.it).

Das kulinarische Angebot ist groß: von der Pizzeria bis zum Sternerestaurant

Der Wallfahrtsort Madonna della Corona klebt wie ein Adlernest an den Felswänden.

MADONNA DELLA CORONA

Wie ein Adlernest klebt die Wallfahrtskirche Madonna della Corona an den senkrecht abfallenden Felswänden hoch oben über dem Etschtal auf 774 Metern Höhe. Der Steinbalkon unterbricht eine Steinwand von über 500 Metern Höhe, 100 Meter Felswand liegen über dem Wallfahrtsort, ungefähr 350 Meter unter ihm.

Vom 19. Mai 1193 stammt die erste urkundliche Erwähnung. Im späten 13. Jahrhundert stand auf dem Steinbalkon in der Felsenwand bereits ein kleines Kloster mit Kapelle – der Heiligen Maria vom Monte Baldo gewidmet. Zehntausende von Gläubigen wandern alljährlich in den beliebten diözesanen Pilgerort in der Ortschaft Spiazzi auf dem Monte Baldo.

Von der Piazza Giovanni Paolo II in Spiazzi, vor dem Hotel Stella Alpina, führt eine Straße in ungefähr einer Viertelstunde zum Heiligtum Madonna della Corona. Auf dem Weg sind die jeweiligen Szenen der 15 Stationen des Kreuzweges in Bronzestatuen dargestellt.

Tipp

AUF EINEN BLICK

Info

STADT: Brenzone sul Garda
BESTE REISEZEIT: März–November
OPTIMALE REISEDAUER: 2–3 Tage
TOURISTINFO: Touristinfo Brenzone, Via XX Settembre 8, Magugnano, Brenzone sul Garda, Tel. +39/045/7420076, brenzone.it

SEHENSWÜRDIGKEITEN

MAGUGNANO DI BRENZONE: Die Pfarrkirche San Giovanni Battista in Magugnano beherbergt eine imposante Orgel aus dem 16. Jahrhundert. Neben der Kirche zweigt eine kleine Straße zum herrlich gelegenen Weiler Marniga di Brenzone ab.
CAMPO DI BRENZONE: Die schlichte, einschiffige Kirche San Pietro aus dem 14. Jahrhundert präsentiert sich mit faszinierenden Wandmalereien von Giorgio da Riva.
BIAZZA DI BRENZONE: Das kleine, verschlafene Dorf mit seinen ineinander verschachtelten Häusern aus grobem Naturstein wurde auf den Ruinen einer alten Skaligerburg erbaut. Die Pfarrkirche Sant' Antonio (14. Jahrhundert) steht auf einem steilen Felsvorsprung.
ORTO BOTANICO MONTE BALDO: Via General Graziani 10, Ferrara di Monte Baldo, Tel. +39/045/6247288, ortobotanicomontebaldo.org
OSSERVATORIO ASTRONOMICO DEL MONTE BALDO: Località Novezzina, Ferrara di Monte Baldo, Tel. +39/334/7313710, osservatoriomontebaldo.it
SANTUARIO BASILICA MADONNA DELLA CORONA: Località Santuario 1, Spiazzi di Ferrara di Monte Baldo, Tel. +39/045/7220014, madonnadellacorona.it

CAMPING PRIMAVERA

ADRESSE: Via Benaco 5, Brenzone sul Garda, Tel. +39/045/7420421, www.camping-primavera.com
GPS: 45.70405, 10.76362
Camping Primavera liegt direkt am See, in einem terrassierten Olivenhain mit tollem Blick auf den See. Fünf Minuten sind es zu Fuß

▲ Camping Primavera in einem terrassierten Olivenhain mit Blick auf den See
◀ Nostalgisches Oldtimertreffen ▶ Auf ins Zentrum von Castelletto di Brenzone

nach Brenzone. Der Familienbetrieb wird seit drei Generationen von der Familie Devoti geführt. Die Lage ist ideal für alle Sportarten wie Segeln, Windsurfen, Kitesurfen, Wasserski, Paragliden, Wandern, Nordic Walking, Kanu. 150 Meter zur Bushaltestelle, 300 Meter zu Supermarkt, Bank, Apotheke …

CAMPINGPLATZ AQUACAMP

ADRESSE: Via del Dosso 1, Borago di Brenzone sul Garda,
Tel. +39/351/9430663, aquacamp.it
GPS: 45.72083, 10.77915
Der Campingplatz liegt mitten im Grünen in einem Olivenhain. Der Strand am See ist mit ihm durch einen Tunnel verbunden. Hier befindet sich die Segelschule Acquafresca. Minimarkt und Bar sind nur wenige Meter entfernt, Leihfahrräder kostenfrei verfügbar. Standplätze für Wohnmobile bis zu sieben Metern.

TORRI DEL BENACO

Mittelalterliches Flair und mediterraner Charme

Gardaseehalbinsel Punta San Vigilio

6

Torri del Benaco liegt so ziemlich genau in der Mitte der Ostküste des Gardasees, auf halbem Weg zwischen Riva und Peschiera. Der schmucke Ort im Herzen der »Riviera degli Olivi« erstreckt sich auf einer Landzunge, an der sich der See nach Süden hin verbreitert.

Es ist schon erstaunlich, was das 3000-Seelen-Dorf so alles an Geschichte und kulturellen Sehenswürdigkeiten aufzuweisen hat. Im Mittelpunkt steht die mächtige **Skaligerburg** direkt an der Uferpromenade. Antonio della Scala von Verona erbaute die Burg um 1383 zum Schutz des kleinen Hafens. Sie entstand vermutlich auf den Überresten eines römischen Castrum aus dem ersten Jahrhundert vor Christus. Torri del Benaco war zu dieser Zeit aufgrund seiner strategisch wichtigen Lage bereits römische Garnisonsstadt. Die Visconti aus Mailand eroberten die Burg aber innerhalb einer Woche und bewiesen, dass auch noch so dicke Schlossmauern gegen die neue Kriegsartillerie nicht viel ausrichten konnten.

1760 riss Zeno Ziuliani die zweite Ringmauer nieder, um einer **Limonaia**, einem Zitronengewächshaus, Platz zu machen, welche noch heute mit ihren beeindruckenden Steinsäulen und Holzgerüsten besichtigt werden kann. In der Burg selbst ist ein ethnografisches Museum mit Exponaten zur Fischereigeschichte und zum Olivenanbau untergebracht. Von den Wehrgängen hat man einen großartigen Ausblick auf Torri und seine Umgebung.

ENGE GASSEN UND ROMANTISCHE UFERPROMENADE

Das Stadtzentrum rund um den kleinen Hafen hat seinen mittelalterlichen Charme bewahrt. Im 15. Jahrhundert wurde Torri del Benaco vom Dogen von Venedig zum Hauptsitz der »Gardesana dell'Acqua«, dem Zusammenschluss von zehn Gemeinden zur eigenständigen Verwaltung und zur Unterbindung des Schmuggels am Westufer des Sees, ernannt. Am Hafen steht noch heute deren Verwaltungssitz, der **Palazzo del Consiglio**, das Haus der Ratsherren. In den engen Gassen rund um den Hafen laden zahlreiche Geschäfte und Restaurants zur Einkehr. Die Pfarrkirche der Heiligen Petrus und Paulus etwas weiter nördlich stammt aus dem 18. Jahrhundert. Der Bau des Turmes am Kirchplatz wird Langobardenkönig Berengar I. zugeschrieben. Er ist der einzige, der von den vier Befestigungstürmen der Burg übrig geblieben ist.

6

Neben einem Bummel durch das alte Torri del Benaco wird ein Spaziergang auf der romantischen **Uferpromenade** bei Sonnenuntergang zu einem besonderen Erlebnis. Das können bekannte Gäste wie Winston Churchill, André Gide, Vivien Leigh, Laurence Olivier, König Juan Carlos von Spanien oder der ehemalige deutsche Bundespräsident Horst Köhler sicher bestätigen.

PAI, ALBISANO, CRERO …

Zu Torri del Benaco gehören neben Ca' Tronconi, Crero, Le Camille und Spighetta auch die Ortsteile Pai und Albisano. Die wenige Hundert Einwohner zählende Fraktion **Pai** geht auf das zehnte Jahrhundert zurück. Die alte, von Barbarossa zerstörte Burg hinterlässt zwar nur mehr ihre Ruinen, am See lohnt aber ein Besuch in der romanischen Chiesa San Gregorio aus dem zwölften Jahrhundert. In Pai vecchio lädt die im 16. Jahrhundert erweiterte Pfarrkirche San Marco mit wertvollen Fresken zum Besuch.
Albisano, ein kleines Bauerndorf, das sich um die Pfarrkirche San Martino schart, liegt auf 310 Metern im hügeligen Hinterland und besticht mit einer herrlichen Aussicht über den See. In einmaliger Panoramalage in der Fraktion **Crero** liegt die Kapelle San Siro aus dem Jahr 1713.

Tipp

EINE AUTOFÄHRE VERBINDET Torri del Benaco mit Toscolano-Maderno auf der Westseite des Sees. Da die Plätze für die Fahrzeuge auf den Fähren beschränkt sind, wird empfohlen, sich rechtzeitig vor den Abfahrtszeiten an den jeweiligen Ablegestellen einzufinden (torri-del-benaco.net).

PUNTA SAN VIGILIO

Einmalig und einzigartig ist die Atmosphäre auf dieser romantischen Landzunge nördlich von Garda. Sie verzaubert wohl jeden Besucher, der nicht gerade zur Hochsaison einen Abstecher hierher macht. Der Ort inspiriert seit jeher Künstler, prägt Humanisten und Philosophen und bringt Liebesgeschichten hervor.
Vor einem halben Jahrtausend entdeckte der Humanist und Rechtsgelehrte **Agostino di Brenzone** hier den »schönsten Ort der Welt«. Vom berühmten Veroneser Architekten Michele Sanmicheli ließ er sich zwischen 1538 und

Punta San Vigilio, einer der romantischsten Plätze am Gardasee

1542 seine Villa bauen – ein Bauwerk, das durch schlichte, elegante Architektur besticht. Inzwischen sind mehrere Jahrhunderte ins Land gegangen, aber vor Ort hat sich nichts geändert: Es herrscht noch immer dieselbe Ruhe. Und auch die Villa befindet sich heute noch im Besitz der Grafen Guarienti di Brenzone. Spaziert man durch die Zypressenallee zur Punta hinab, kann man durch das große schmiedeeiserne Tor einen Blick auf die traumhafte Renaissancevilla werfen.

Links von der Villa führt ein romantisches, kopfsteingepflastertes Gässchen hinunter zur Locanda San Vigilio. Das Nobelhotel wurde ebenfalls im 16. Jahrhundert direkt am kleinen Hafen am See errichtet, um die vielen Gäste zu beherbergen. Die Taverna gleich nebenan am Hafen serviert in dieser besonderen Atmosphäre direkt am Wasser kleine Gerichte zu erschwinglichen Preisen. Im Emporio, dem kleinen Kunstladen im Innenhof, werden handwerklich hergestellte Gebrauchsgegenstände und Kunstartikel angeboten.

AM NORDUFER DER Punta San Vigilio liegt die Baia delle Sirene, die Bucht der Sirenen, heute ein einladendes, kostenpflichtiges Strandbad mit einer der schönsten Badestellen am See, schattigen Liegenwiesen unter majestätischen Olivenbäumen, einem großen Kinderspielplatz sowie Picknickplätzen. Am Abend ist der Eintritt frei.

AUF EINEN BLICK

Info

STADT: Torri del Benaco
BESTE REISEZEIT: März–November
OPTIMALE REISEDAUER: 2–3 Tage
TOURISTINFO: Touristinfo Torri del Benaco, Viale Fratelli Lavanda 3, Torri del Benaco, +39/045/7225120, visitgarda.com

SEHENSWÜRDIGKEITEN

MUSEO DEL CASTELLO SCALIGERO: Viale Fratelli Lavanda 2, Torri del Benaco, Tel. +39/045/6296111, museodelcastelloditorridelbenaco.it
LIMONAIA DI TORRI DEL BENACO: Zitronengewächshaus im Castello Scaligero di Torri del Benaco.
PUNTA SAN VIGILIO: Eines der romantischsten und schönsten Fleckchen am Gardasee.
PARCO BAIA DELLE SIRENE: Località San Vigilio, Garda, Tel. +39/045/7256676, parcobaiadellesirene.it

◀ Die Limonaia di Torri del Benaco ▲ Entspannen an der Seepromenade
▼ Römische Spuren unter den Arkaden von Torri del Benaco

Stellplätze unter und zwischen Olivenbäumen im Campingplatz Spiaggia d'Oro

CAMPING SPIAGGIA D'ORO

ADRESSE: Località San Felice 12, Torri del Benaco,
Tel. +39/045/7225623, spiaggiadoro.info
GPS: 45.63330, 10.70255
Der Campingplatz verfügt über 70 Stellplätze zwischen jahrhundertealten Olivenbäumen, nur wenige Meter vom See entfernt. Ein Teil verläuft flach entlang der Küste, ein Teil auf Terrassen, von denen aus man den Blick auf den See genießen kann. Die ruhige Lage und die familienfreundliche Größe sind ideal, um in Kontakt mit der Natur zu leben. Der Komplex ist auch für Behinderte geeignet und verfügt über Minimarkt, Bar mit Terrasse, Sat-TV, Waschmaschine und einen privaten Steg. Bis ins Zentrum von Torri del Benaco sind es drei Kilometer.

CAMPING SAN FELICE

ADRESSE: Località San Felice 11, Torri del Benaco,
Tel. +39/045/7225847, campingsanfelice.it
GPS: 45.63290, 10.70204
Der familiengeführte, kleine Campingplatz befindet sich bei den Türmen von Benaco in Torri del Benaco. Der Platz liegt recht gemütlich und charakteristisch nur wenige Meter vom Strand entfernt, in einem jahrhundertalten Olivenhain. Er verfügt über 35 Aufstellplätze in einer ebenen, terrassenartig angerichteten Zone, die an den Strand angrenzt und von der man einen zauberhaften Blick auf den See genießen kann.

GARDA

Die Taufpatin des Gardasees

Buntes Treiben herrscht am schmucken historischen Hafen von Garda.

7

Der Golf von Garda – ein echtes natürliches Juwel – wird im Norden vom Monte Luppia und im Süden vom Colle della Rocca eingegrenzt. Auf dem Schlossberg stehen noch die Ruinen des mittelalterlichen Castello di Garda, das der Stadt und dem ehemals Benacus genannten See seinen neuen Namen gab.

Die Gegend von Garda war schon sehr früh besiedelt. Reste einer Pfahlbausiedlung am Fuße der Rocca, Keramik- und Bronzefunde sowie Gräber aus der späten Bronzezeit zeugen davon. Grabsäulen, Inschriften und Gedenktafeln erinnern an die Anwesenheit der Römer. Dann ließ Theoderich, der König der Goten, im fünften Jahrhundert eine Burg auf dem gleichnamigen Felsplateau hoch über dem Ort errichten: die Rocca di Garda. Lange Zeit galt sie aufgrund ihrer strategisch einmaligen Lage als uneinnehmbar. Nicht einmal Kaiser Barbarossa, der im Umfeld so manche Burg schleifen ließ, gelang es, sie einzunehmen. Fünf Jahrhunderte später herrschte Berengar II., der Langobardenfürst, auf der Rocca di Garda, bis er von König Otto dem Großen besiegt und lebenslänglich in Bamberg eingekerkert worden ist.

Der Name Garda kommt aus dem Germanischen »warda«, was gleichbedeutend mit Wache ist und die Bedeutung und Aufgabe der Burg auf der Rocca di Garda unterstreicht. Allmählich breitete sich der Name Garda aus und verdrängte ab dem elften Jahrhundert den bisherigen Namen Benacus für den See, der nunmehr Gardasee genannt wurde.

Nach Goten, Langobarden und Franken kamen die Skaliger aus Verona, die Vizegrafen aus Mailand und schließlich 1405 Venedig mit dem Seekapitän als Vertretung der Republik Venedig. Die Venezianer zerstörten im 16. Jahrhundert die Burg, deren Ruinen uns noch heute an ihre Bedeutung und lange Geschichte erinnern.

ENGE GASSEN UND PRUNKVOLLE PALAZZI

Die historische Altstadt von Garda hat ihre charakteristischen mittelalterlichen Merkmale bis heute beibehalten und präsentiert sich mit einem unverwechselbaren Charme. Enge Gassen mit kleinen, durch weite Tonnengewölbe miteinander verbundenen bunten Fischerhäusern, wechseln sich mit antiken Palazzi mit herrlich gestalteten Fassaden im venezianischen

Stil und kleinen Parkanlagen ab. Der berühmte Veroneser Architekt Michele Sanmicheli hat im Stadtbild manch prägende Spuren hinterlassen. Direkt am Hafen steht der Palazzo dei Capitani aus dem 15. Jahrhundert, die einstige Residenz des Capitano del Lago. Der Palazzo lag einst direkt am Seeufer und ist ein faszinierendes Beispiel für gotisch-venezianische Architektur. Zahlreiche adelige Familien ließen sich im Laufe der Jahrhunderte in Garda nieder und errichteten hier ihre Palazzi. Zu erwähnen sind dabei die im 16. Jahrhundert nach Plänen von Sanmicheli erbaute Villa Carlotti und der vom Feldherrn Cesare Fregoso zu Beginn des 15. Jahrhunderts erbaute Palazzo Fregoso.
Auf dem Weg nach Punta San Vigilio liegt inmitten einer fantastischen Parkanlage und umgeben von hohen Mauern die Villa Albertini. Sie wurde im 16. Jahrhundert von der veronesischen Familie Becelli, Feudalherren aus Costermano, erbaut und verdankt ihr heutiges mittelalterliches Aussehen einer Restaurierung im 18. Jahrhundert. Die Villa Carlotti Canossa – ebenfalls an der Straße nach Punta San Vigilio gelegen – wurde von der adeligen Familie Carlotti zwischen dem 18. und 19. Jahrhundert erbaut, nachdem diese ihren alten Palast im Zentrum Gardas verlassen hatte. Die Villa wurde Ende des 19. Jahrhunderts vergrößert und zeigt die typischen architektonischen Merkmale des 18. Jahrhunderts auf. Eine großzügig gestaltete Parkanlage erstreckt sich vor der Villa Richtung See.

SEEPROMENADE UND ALTE KIRCHEN

An der herrlichen Seepromenade steht noch das alte Zollamt, »l'Antica Dogana«, auch »Losa« genannt, das vermutlich von Sanmicheli errichtet worden ist. Die Pfarrkirche Santa Maria Maggiore aus dem zehnten Jahrhundert ist eine der ältesten in der Gegend. Bereits im zehnten Jahrhundert gab es hier ein Ordenskapitel von Kanonikern, zu dem Geistliche aus Torri del Benaco und Bardolino gehörten. Die heutige Form der Kirche geht auf das 16. Jahrhundert zurück. Der Glockenturm wurde 1571 erbaut. Anschließend wurde das Gotteshaus erhöht und das mittlere Kirchenschiff mit Gewölben umgebaut. Einen Besuch wert sind auch die Kirche Santo Stefano aus dem 15. Jahrhundert sowie die Torre dell'Orologio, der Uhrturm, neben dem Palazzo Fregoso eines der beiden mittelalterlichen Eingangstore von Garda.

Die Villa Carlotti Canossa liegt an der Straße nach Punta San Vigilio.

Garda ist eines der Dörfer mit der ältesten gewerblichen Fischereitradition am See. Den Platz der Fischer nimmt in der Zwischenzeit aber immer mehr der Tourismus ein, der Garda zu einem der bekanntesten Urlaubsorte am See macht. Allein die **Seepromenade** von Garda ist schon eine Sehenswürdigkeit für sich. Von Garda nach Bardolino können wir einen herrlichen Spaziergang machen, der Weg führt immer direkt am See entlang.

BEI BARDOLEAT ERHÄLT man Feinkost vom Gardasee und aus ganz Italien: Olivenöl Garda DOP, Balsamico-Essig aus eigener Produktion, Weine, Biohonig sowie andere Delikatessen und Spezialitäten (Piazza Catullo 4, Garda, +39/045/4733868, bardoleat.com).

PALIO DELLE CONTRADE

Am Maria-Himmelfahrtstag, dem 15. August, wird in Garda seit rund 50 Jahren der traditionsreiche **Ruderwettbewerb** »Palio delle Contrade« ausgetragen. Es ist das bedeutendste Fest im einstigen Fischerdorf, dessen Pfarrkirche der Himmelfahrt der Jungfrau Maria geweiht ist. Zum

Palio delle Contrade in Garda: ein farbenfroher Umzug in historischen Kostümen

historischen Wettkampf treten die neun verschiedenen Stadtviertel, die Contrade, an. Jede Contrada nimmt mit einem Boot und vier in historischen Gewändern gekleideten Ruderern teil, die eine Strecke von insgesamt 1200 Metern zurücklegen müssen. Zum Wettbewerb zugelassen sind nur die typischen, gondelartigen Fischerboote vom Gardasee, auf denen im Stehen gerudert wird.

Garda taucht zu seinem größten Fest voll und ganz in seine Geschichte ein. Alte Kostüme und Trachten werden hervorgeholt, alte Bräuche zu neuem Leben erweckt. Mit der Fischerei und der Ruderwelt verbundene Rivalitäten beherrschen in spielerischen und auch ernsteren Formen wieder den Alltag. Geht es doch um Sieg, Ruhm und Ehre für ein ganzes Jahr und für ein ganzes Stadtviertel.

Im Seepromenadenabschnitt zwischen dem Hafen und dem Palazzo del Comune werden die flachen Gondeln bei Einbruch der Dunkelheit ins Wasser gelassen – angefeuert von Einheimischen und Gästen sowie den zahlreichen Vertretern der Contrade, die mit ihren Mannschaften mitfiebern. Als Preis gibt es für die Gewinner des Palio und damit für die gesamte Contrada eine Holzstatue der Heiligen Jungfrau Maria. Der Tag endet mit dem traditionellen Feuerwerk, das eine magische Nacht hell erleuchtet.

7

DIE ÄLTESTEN KUNSTWERKE AM SEE

In den südlichen Ausläufern des Monte-Baldo-Massivs, am Monte Luppia ganz in der Nähe von Garda, treffen wir auf 3000 Jahre alte Felszeichnungen, eingeritzt auf glatt geschliffenen Felsformationen. Handelt es sich um prähistorische Glaubensbotschaften oder einfach um einen Zeitvertreib von Hirten und Jägern? Die Forscher haben bis heute keine eindeutige Antwort auf die Frage gefunden. Felsgravierungen finden wir rund um den Gardasee an mehreren Orten. An rund 250 Stellen werden insgesamt an die 3000 Gravuren gezählt. Nirgendwo sind diese aber so leicht erreichbar und zugänglich und wohl auch so spannend wie auf der Felskuppe am Monte Luppia.

Krieger, Reiter, Waffen, Kreuze, Symbole, Labyrinthe, Pflanzen und Tiere … »Sind die Zeichnungen auf grauem, von Eiszeitgletschern gehobeltem Fels hintergründige Botschaften oder sakrale Symbole? Entsprangen die Bilder dem ewig menschlichen Drang nach Unsterblichkeit?«, fragen sich die Wissenschaftler. Eines steht fest: Bei den Felszeichnungen vom Monte Luppia handelt es sich um die ältesten Kunstwerke am Gardasee.

WANDERUNG ZU DEN FELSZEICHNUNGEN

Eine durchwegs leichte und angenehme Wanderung führt uns zu den jahrtausendealten Kunstwerken am Fels. Wir starten am Parkplatz von Punta San Vigilio. Durch Olivenhaine und Macchia geht es leicht aufwärts. Ein gelbes Strichmännchen mit erhobenen Händen auf braunen Wegweisern begleitet uns als Wegmarkierung.

◀ 3000 Jahre alte Felszeichnungen am Monte Luppia ▶ Garda und sein Schlossberg

7

Auf einem Pfad wandern wir entlang der alten Wege zu den Weiden des Monte Baldo weiter und passieren bald die ersten, vom Gletscher glatt geschliffenen Felstafeln. Da und dort müssen wir schon ganz genau hinsehen, um die Felszeichnungen an den Wänden zu erkennen. Im Morgen- und Abendlicht sind die Felsgravierungen, die von der Jungsteinzeit bis herauf ins Mittelalter datiert werden, besonders gut zu erkennen. Was haben sich wohl die Menschen gedacht, die sich hier vor 3000 Jahren verewigt haben?
Entlang der Felszeichnungen gewinnen wir immer mehr an Höhe und können zum **Monte Brè** (303 Meter) aufsteigen oder nach rechts in Richtung **Monte Luppia** (416 Meter) mit seiner blumenbewachsenen Hochfläche weiter wandern. Von dieser exponierten Lage aus genießen wir den herrlichen Blick auf die Bucht von Garda und die verträumte Punta San Vigilio.

COSTERMANO

Ein Ausflug nach Costermano, umgeben von Weinbergen und Olivenhainen im hügeligen Hinterland von Garda, lohnt sich. Im Ortsteil Castion steht die Villa Pellegrini, eine alte venezianische Villa aus dem Jahr 1760, die auf den Resten einer Villa aus dem 14. Jahrhundert errichtet wurde. Sehenswert ist auch die Siedlung San Verolo in Castion, eine kleine antike Siedlung mit einer schönen romanischen Kirche aus dem 14. Jahrhundert.
Die Wallfahrtskirche Madonna del Soccorso in Marciaga wurde im 16. Jahrhundert errichtet, nachdem einem Hirten an dieser Stelle die Madonna erschienen sein soll. Im Ortsteil Marciaga lädt ein schöner, gepflegter 18-Loch-Golfplatz mit herrlicher Aussicht zum Spiel ein.

Costermano liegt im Hinterland des Gardasees.

AUF EINEN BLICK

Info

STADT: Garda
BESTE REISEZEIT: März–November
OPTIMALE REISEDAUER: 2–3 Tage
TOURISTINFO: Touristinfo Garda, Piazza Donatori di Sangue 1, Garda, Tel. +39/045/7255824, visitgarda.com

SEHENSWÜRDIGKEITEN

ANTICA DOGANA: Altes Zollamt an der herrlichen Seepromenade, heute ein Hotel und Restaurant (www.anticadogana.info).
PALAZZO DEI CAPITANI: Die einstige Residenz des Capitano del Lago aus dem 15. Jahrhundert. Piazza Catullo 14, Garda
PFARRKIRCHE SANTA MARIA MAGGIORE: Eine der ältesten Kirchen der Gegend (zehntes Jahrhundert). Corso Italia 6, Garda
TORRE DELL'OROLOGIO: Der Uhrturm, eines der beiden mittelalterlichen Eingangstore von Garda.
COLLE DELLA ROCCA: 300 Meter hoher Burghügel mit tollem Panoramablick auf Garda und den See.
PALIO DELLE CONTRADE: Der traditionsreiche Ruderwettbewerb ist das bedeutendste Fest in Garda.
MONTE LUPPIA: 3000 Jahre alte Felszeichnungen, die ältesten Kunstwerke am Gardasee.

LA ROCCA CAMPING VILLAGE

ADRESSE: Via Gardesana Dell'Acqua 37, Bardolino, Tel. +39/045/7211111, campinglarocca.com
GPS: 45.56502, 10.71.308
Der Rocca Camping Village liegt am Veroneser Ufer des Gardasees in einer grünen Oase. Gemütlich und modern zugleich, mit Apartments, Maxicaravans und Stellplätzen mit höchsten touristischen Standards. Hier vereinigen sich Natur, Entspannung, Kultur, regionale Küche, Sport und Vergnügen.

Der Campingplatz La Rocca

BARDOLINO

Weinzentrum an der Olivenriviera

Am historischen Hafen des ehemaligen Fischerdorfes Bardolino

8

Bardolino zählt zu den bekanntesten Ortschaften am Gardasee. Das hängt natürlich mit dem gleichnamigen Wein zusammen, dem der Ort seinen Namen gegeben und der umgekehrt die Gemeinde berühmt gemacht hat. In Bardolino ist immer etwas los, rund um die Uhr. Das macht den Ort zu einem der Hauptziele des Seetourismus.

Der natürliche Reichtum der Gegend, das milde Klima und die fruchtbare Hügellandschaft rund um das ehemalige Fischerdorf sprechen für Bardolino. Nicht ohne Grund stritten sich im Laufe der Geschichte immer wieder Machthaber, Adelsfamilien und Mönche um das herrliche Fleckchen Erde. Eindrucksvolle Palazzi und Klöster zeugen noch heute von längst vergangenen Zeiten. Ganze elf Kirchen zählt das 7000 Einwohner zählende Dorf. Eine wahrlich beachtliche Anzahl.

KIRCHEN UND HEILIGE

Zu den Hauptdenkmälern von Bardolino zählt die Kirche San Zeno, einer der schönsten Sakralbauten Italiens aus der Karolingerzeit. Etwas versteckt in einem Innenhof in der gleichnamigen Gasse gelegen, besticht das rund 1200 Jahre alte Kirchlein mit einem kreuzförmigen Grundriss und einem hohen, einzelnen Hauptschiff. Sechs Marmorsäulen mit ungewöhnlichen, nach römischen Vorbildern gestalteten Kapitellen prägen den Innenraum, in dem auch noch einige Reste von Fresken zu sehen sind. Die Kirche ist eine der wenigen, die vom großen Erdbeben im Jahr 1117, das einen Großteil der Denkmäler von Verona und Umgebung zerstört hat, verschont geblieben ist.

Auch die Kirche San Severo am Ende des Borgo Giuseppe Garibaldi ist einen Besuch wert. Die leicht asymmetrische romanische Kirche mit ihrem hohen, schmalen Glockenturm stammt aus dem elften Jahrhundert, die mit Fresken ausgemalte langobardische Krypta unter dem Hochaltar ist noch einige Jahrhunderte älter. San Severo gehört zu den besterhaltenen romanischen Bauwerken der Gegend. In den Sommermonaten wird hier sonntags ein evangelischer Gottesdienst in deutscher Sprache abgehalten.

Einen Besuch lohnen auch die neoklassizistische Pfarrkirche San Nicolò mit modernen Fresken und schönen Glasfenstern sowie die romanische Kirche Santa Maria Maggiore in Cisano.

Rund um die Piazza Matteotti konzentriert sich das Zentrum der Altstadt. Die quirlige Flaniermeile ist der richtige Ort für einen guten Kaffee, einen Eisbecher und einen Aperitif an lauen Sommerabenden. Ein perfekter Ausgangspunkt für einen Bummel durch die Stadt oder eine Shoppingtour.

SCHÖNE BADESTRÄNDE UND HEISSES NACHTLEBEN

Lassen wir die Kirchen hinter uns und kehren uns dem weltlichen Leben zu, für das Bardolino ja so bekannt ist. Bardolinos Beliebtheit lässt sich nicht zuletzt darauf zurückführen, dass der Ort mit zahlreichen guten Hotels in allen Preisklassen, einladenden Campingplätzen, einer mittelalterlichen Altstadt, breiten Flanier- und Shoppinggassen und einer ansprechenden Uferpromenade aufwarten kann. Das Zentrum erstreckt sich zwischen den beiden Landzungen Punta Cornicello und Punta Mirabello. Hübsche Badestrände laden nördlich der Punta Cornicello mit großen grünen Wiesen und schattenspendenden Bäumen ein. Auch das Strandbad Lido Mirabello auf der südlichen Halbinsel bietet beste Voraussetzungen zum Schwimmen und Sonne tanken.

EIN MUSS FÜR Nachtschwärmer. In Bardolino befinden sich die heißesten Discos im Südosten des Sees: der Hollywood Dance Club (Via Montavoletta 11, Bardolino, Tel. +39/045/7210580, hollywood.it) und der Primo Life Club Discoteca. Pianobar. (Via Marconi 14, Bardolino, Tel. +39/045/6210177).

◀ Federica Zeni in Bardolino ▶ Luciano Piona von Cavalchina in Custoza

Bei einem einladenden Aperitivo lässt es sich am Gardasee gut aushalten.

BARDOLINO DOC & DOCG

Der Bardolino ist in all seinen Varianten ein unkomplizierter, jugendlich frischer Wein, der keine großen Anforderungen stellt, einfach Spaß macht und zu den meisten Gerichten passt. Man serviert ihn kühl bei einer Temperatur von 12 bis 14 °C. Der trockene Rotwein passt perfekt zur mediterranen Küche, zu Pizza und Pasta, zu Fisch und weißem Fleisch oder auch einfach nur so zwischendurch. Großer Beliebtheit erfreuen sich der roséfarbene Chiaretto und der prickelnde Bardolino Spumante.

Der Bardolino hat seine Heimat im südöstlichen Hinterland des Gardasees. Erzeugt wird der klassische Rote in den Gemeinden Bardolino, Lazise, Affi, Garda, Torri de Benaco, Costermano und Peschiera. Weine, die im Kerngebiet zwischen den Gemeinden Bardolino, Lazise und Affi angebaut, gekeltert und abgefüllt werden, dürfen die Bezeichnung »Bardolino classico« führen. Der Bardolino wird hauptsächlich aus den autochthonen Rebsorten **Corvina Veronese** (35–65 Prozent Anteil) und **Rondinella** (10–40 Prozent Anteil) gekeltert. Ein Zusatz von maximal 20 Prozent Gesamtanteil der Rebsorten Molinara, Rossignola, Corvinone Veronese, Barbera, Sangiovese, Marzemino, Merlot oder Cabernet Sauvignon ist gestattet. Der Bardolino ähnelt somit in seiner Zusammensetzung etwas dem benachbarten Valpolicella auf der gegenüberliegenden Seite der Etsch.

Festa del Vino: folkloristisches Weinfest im Weinzentrum Bardolino

STRADE DEL VINO BARDOLINO

Die Bardolino Weinstraße führt ausgehend von Bardolino über 80 Kilometer durch eine wunderschöne Hügellandschaft bis nach Sommacampagna und weiter nach Valeggio sul Mincio. An die 100 Weingüter und Winzer halten längs der Straße ihre kleinen Wineshops geöffnet, freuen sich auf Gäste, zeigen ihre Keller und laden zur Verkostung ihrer Weine.
Am besten beginnt die Reise mit einem Besuch im Weinmuseum der Familie Zeni in Bardolino. Dort gibt es alle wichtigen Informationen zur Geschichte des Weins, zu seinem Anbaugebiet und zu seiner bunten Vielfalt. Bereits seit 1991 lädt das Weinmuseum in die Welt der Weinbaukultur und zu einer Reise durch die Welt des Weines und seiner Geschichte. Das Museum ist in thematische Bereiche unterteilt, von der Weinbergspflege zur Weinlese, vom Weinkeltern und der Reifung der Weine bis zur Flaschenabfüllung und Vermarktung.

IN BARDOLINO IST der Wein das ganze Jahr hindurch Hauptdarsteller. Beim Fest des Chiaretto im Mai, beim traditionellen Wein- und Traubenfest im Oktober sowie beim Fest des Novello im November steht er ganz besonders im Mittelpunkt (bardolinotop.it).

8

AFFI, INCAFFI, CAORSA

Affi ist bekannt als Autobahnausfahrt und Abzweigung zum südlichen Gardasee. Es zählt 2500 Einwohner. Seine drei Ortsteile Affi, Incaffi und Caorsa erstrecken sich auf einer Fläche von knapp zehn Quadratkilometern. Im Westen grenzt Affi an Bardolino.

Der Name leitet sich vermutlich vom langobardischen »Affa« ab und nimmt Bezug auf die Arimannen, das sind Wehrbauern im Langobardenreich und der nachfolgenden Karolingerzeit, die zur Verteidigung eines Landstriches eingesetzt worden sind. Im neunten Jahrhundert wurde der Ort erstmals urkundlich erwähnt.

DAS GRAND'AFFI SHOPPING CENTER direkt an der Ausfahrt der Brennerautobahn hat sein Angebot um viele neue Geschäfte, Boutiquen, Restaurants und sogar um eine bayerische Bäckerei erweitert. Unter einem Dach finden sich neben Bekleidungsgeschäften, Schuhgeschäften, Parfümerie, Juwelier, Optiker und Buchhandlung auch ein großer Supermarkt, ein Fischgeschäft und ein Baumarkt (Località Canove, Affi, Tel. +39/045/7235607, grandaffi.it).

◀ Heiligenbilder in der Via San Martino in Bardolino ▶ Grand'Affi Shopping Center

AUF EINEN BLICK

Info

STADT: Bardolino
BESTE REISEZEIT: März–November
OPTIMALE REISEDAUER: 2–3 Tage
TOURISTINFO: Touristinfo Bardolino, Piazzale Aldo Moro 5, Bardolino, Tel. +39/045/7210078, bardolinotop.it

SEHENSWÜRDIGKEITEN

KIRCHE SAN ZENO: Einer der schönsten Sakralbauten Italiens aus der Karolingerzeit. Via San Zeno 7, Bardolino
KIRCHE SAN SEVERO: Romanische Kirche aus dem elften Jahrhundert mit langobardischer, mit Fresken ausgemalter Krypta. Piazzetta San Severo 5, Bardolino
STRADE DEL VINO BARDOLINO: Piazza Matteotti 8, Bardolino, Tel. +39/045/6212567, bardolino-stradadelvino.it
MUSEO DEL VINO: Via Costabella 9, Bardolino, Tel. +39/045/6228331, museodelvino.it

AGRICAMPEGGIO TERRA E SOGNI

ADRESSE: Via San Colombano 16/A, Bardolino, Tel. +39/327/8404808, terraesogni.it
GPS: 45.55702, 10.72456

An der Bootshaltestelle im Hafen von Bardolino

Idyllische, malerische Gassen in den alten Vierteln von Affi

Der Campingplatz Terra e Sogni in Bardolino ist der ideale Ort, um aus dem hektischen Alltag auszusteigen und die Natur zu genießen. Der Platz liegt auf einem eingezäunten Gebiet unter Weinbergen und Olivenhainen. Die 15 je 80 Quadratmeter großen, geschützten und beleuchteten Stellplätze verfügen über Energie und Wassersäule und über einen privaten Abflussschacht für die Abwässer. Der Campingplatz liegt nur zehn Minuten von der Altstadt von Bardolino und den Gardaseestränden entfernt.

CAMPING CISANO & SAN VITO

ADRESSE: Via Peschiera 48, Bardolino, Tel. +39/045/6229098, camping-cisano.it

GPS: 45.52556, 10.72984

Der Campingplatz Cisano San Vito in Bardolino bietet Komfort und Bequemlichkeit mit gut ausgestatteten Stellplätzen mit Wasseranschluss, chemischem Ablassplatz und Strom bis 16 Ampere. Die Plätze befinden sich unmittelbar am Ufer des Sees oder ein paar Schritte von den Pools entfernt unter dem Schatten einer Vielfalt verschiedenartiger alter und einheimischer Bäume.

Eleganz und Lebenslust

Ein Bild wie gemalt: Abendstimmung am Hafen von Lazise

9

Das mittelalterlich geprägte Lazise zählt zu den wichtigsten und renommiertesten Touristenzentren am Gardasee. Schönheit und Atmosphäre des Ortes, zahlreiche Restaurants und Geschäfte, vielfältige Angebote an Sport und Unterhaltung sowie bekannte Freizeitparks in der Nähe tragen das ihre dazu bei.

Lazise mit seinen knapp 7000 Einwohnern ist die südlichste Ortschaft am Ostufer des Gardasees. Hier erreicht der See mit 17 Kilometern seine maximale Breite und die Moränenhügel gehen in die ebene Landschaft von Verona über. Der malerische Ort strahlt eine besondere Eleganz aus und zieht mit seiner Atmosphäre Einheimische und Gäste gleichermaßen in seinen Bann. Wohl auch deshalb zählt Lazise heute zu den wichtigsten und beliebtesten Zentren des Gardasee-Tourismus.
Die Geschichte der Stadt reicht bis ins 16. Jahrhundert vor Christus, in die mittlere Bronzezeit, zurück, wie Funde von **Pfahlbauten** in La Quercia, Bor und Porto Pacengo dokumentieren. Seinen Namen verdankt Lazise den Römern. Er stammt ursprünglich vom lateinischen »Lasitium« und später »Laceses« ab, was so viel bedeutet wie »Ort am See«.
Sein heutiges, noch intaktes mittelalterliches Stadtbild aber prägten die **Skaliger**, die Herren von Verona, im 14. Jahrhundert. 1370 wurde die Altstadt mit mächtigen Mauern mit Schwalbenschwanzzinnen umschlossen, die heute noch vollständig erhalten sind. Rund um den kleinen, idyllischen Fischerhafen gruppieren sich schmucke, bunte Häuser mit Laubengängen, elegante Palazzi, enge Gassen und kleine malerische Plätze.

KRIEGSHAFEN UND HANDELSPLATZ

Bereits im elften Jahrhundert war Lazise eine Hafenstation im Besitz des Hauses Bevilacqua. Am heutigen Fischerhafen lagen die venezianischen Galeeren und Boote, die die Aufgabe hatten, das Veroneser Südostufer zu bewachen und zu beschützen. Handel und Militär standen in dieser Zeit im Mittelpunkt. Das wirtschaftliche Leben wurde geprägt von Fischfang und Landwirtschaft, besonders vom Wein- und Olivenanbau.
Die **Dogana Veneta**, das beeindruckende venezianische Zollhaus, wurde im 14. Jahrhundert direkt am Hafen als Umschlagplatz und Zollstation für die Waren erbaut, die von Lazise aus über den See nach Norden verschifft

9

wurden. Gehandelt wurde vorwiegend mit Getreide, Papier, Stoffen, Öl sowie Eisenartikeln. Die Dogana besticht mit ihrer einzigartigen Architektur und mit ihren Ausmaßen: Sie ist 43,10 Meter lang, 23,50 Meter breit und zehn Meter hoch. Im Laufe der Jahrhunderte wechselte die Nutzung immer wieder: von der Zollstation zur Schiffswerft und Baumwollspinnerei, vom Marktplatz hin zum Pulverlager und zur Salpeterfabrik. Heute wird die Dogana vorwiegend für kulturelle Anlässe genutzt und kann auch für private Feiern und Veranstaltungen angemietet werden.
Aber zurück zu den Venezianern und zu einer geschichtlichen Anekdote: Im Mai 1509 unterlag das venezianische Heer bei Agnadello der Liga von Cambrai. Capitano Zaccaria Loredan setzte daraufhin seine Flotte in Brand und versenkte sie. 500 Meter vor dem Hafen von Lazise befindet sich in einer Tiefe zwischen 24 und 27 Metern noch das Wrack einer gesunkenen, 30 Meter langen und drei Meter breiten Galeere.

EIN BESONDERES SCHMUCKSTÜCK ist die Taverna da Oreste, eine historische Taverna mit Fischspezialitäten und Blick auf den Hafen (Via Francesco Fontana 32, Lazise, tavernaoreste.it). Neben Fisch serviert das Ristorante Al Ventirè auch Fleischgerichte sowie Pizza aus Vollkornmehl (Via Albarello 23, Lazise, ristoranteal23.com).

◀ Blick aufs »Gardameer« bei Lazise ▶ Movieland: Spaß und Unterhaltung am See

◀ Urlaubsstimmung am Hafen von Lazise ▶ Prosit und zum Wohl im Caffè Lacisium

IM HERZEN VON LAZISE

Durch drei große Stadttore kommen wir in das Innere der historischen, autofreien Altstadt. Der Hauptzugang liegt direkt an der Via Gardesana. Von den in der Nähe liegenden großen Parkplätzen sind es nur wenige Schritte hierher. Das zweite Stadttor erreichen wir über die Via Rosenheim, nach der Partnerstadt Rosenheim so benannt. Zum dritten Stadttor gelangen wir über die Via Bastia. Jetzt sind Bummeln und Flanieren angesagt. In den engen Gassen der Altstadt können wir wunderbar in das bunte Treiben eintauchen. Ein Geschäft reiht sich an das andere, eine schicke Boutique an die nächste. Für einen Caffè und einen Aperitif lassen wir uns in einer der netten Bars am Hafen nieder und genießen das »dolce far niente« – ganz nach dem Motto »sehen und gesehen werden«. Direkt am Hafen, gleich neben der Dogana Veneta, liegt die romanische Kirche **San Nicolò** aus dem zwölften Jahrhundert mit schönen Fresken aus dem 14. Jahrhundert. Sie hat Jahrhunderte als Herberge und Theater hinter sich und erlangte erst 1953 ihren sakralen Charakter zurück. An den Sonntagen im Sommer finden hier evangelische Gottesdienste in deutscher Sprache statt.

Vom schmalen Hafenbecken mit seiner belebten Uferpromenade kommen wir direkt auf die **Piazza Vittorio Emanuele** mit ihren bunten Häuserzeilen, die etwas an die Piazza San Marco in Venedig erinnern.

9

Tipp

Der Lungolago zwischen Lazise und Garda, eine rund zehn Kilometer lange, gut befestigte Uferpromenade, führt von Lazise über Bardolino ins weiter nördlich gelegene Garda. Hier können wir direkt am See entlang spazieren, Rad fahren oder skaten – vorbei an schönen Strandabschnitten und einladenden Bars.

TERME DI COLÀ

Ein Besuch in den Thermen von Colà wird zum besonderen Erlebnis. 13 Hektar groß ist der herrliche Park der Villa dei Cedri, in dem seit dem Jahr 1989 heißes Thermalwasser fließt. Unter jahrhundertealten Bäumen und einer üppigen Vegetation lässt es sich in den Badeteichen herrlich entspannen und erholen.

Die **Villa dei Cedri**, nach Art der napoleonischen Villen Ende des 18. Jahrhunderts errichtet, ist das prestigeträchtigste Bauwerk unter den Gebäuden der Besitzung, die ihren Namen trägt. An der aus dem 15. Jahrhundert stammenden Villa Moscardo erinnert an der Fassade ein Gedenkstein an den Besuch von Kaiser Karl V. am 21. April 1530. Im September 1943 wurde die Villa dei Cedri nach der Unterzeichnung des Waffenstillstands zum deutschen Generalkommando in Norditalien unter Feldmarschall Erwin Rommel.

Auf die Familie Moscardo gehen Form und Anlage des Parks zurück, welche in der Folge verfeinert und vervollständigt wurden – mit einer weitläufigen Gestaltung aus Wegen und freien Flächen, wie sie für die Gärten des 19. Jahrhunderts typisch sind. In der Mitte des Parks fließt ein Wildbach, der zu einem See aufgestaut wird. 150 Zedern der unterschiedlichsten Gattungen geben der Villa ihren Namen.

Die **Grotte**, die gleichzeitig mit dem See als Zierelement gebaut wurde, ist heute ein Ort des Wohlbefindens: Wassermassagen in jeder Form – von oben herab für Nacken und Rücken, von unten für Füße und Zehen oder weiter oben regenleichte Tropfen für das Gesicht. Kleine Wasserfälle plätschern, Fontänen mit heißem Wasser sprudeln da und dort rund um den See hervor. Weiß bezogene, gemütliche Holzliegestühle laden nach dem Badespaß zum Verschnaufen und unter den altehrwürdigen Zedern ist viel Platz für ein Picknick.

9

DAS ERSTE OLIVENÖLMUSEUM ITALIENS

Die Landschaft rund um den Gardasee wird vom Olivenanbau geprägt. Das Ostufer wird als »Riviera degli Ulivi« bezeichnet. Aber auch das im Trentino liegende nördliche Ende des Sees ist mit zahlreichen Olivenhainen übersät. Das native Olivenöl **Garda DOP** garantiert für beste Qualität und Herkunft.

1962 gründete Umberto Turri neben seiner Ölmühle in Cisano di Bardolino, direkt an der Via Gardesana, einen der ersten Verkaufsläden für Olivenöl am Gardasee. Der Betrieb erweiterte sich im Laufe der Jahre, erhielt zahlreiche Anerkennungen und Preise und spezialisierte sich auf Direktverkauf an Verbraucher und Versandhandel. 1987/1988 eröffnete die Familie Turri an derselben Stelle das erste italienische Ölmuseum.

Im **Museo dell'Olio** wird die jahrhundertealte Tradition des Olivenanbaus und der Ölgewinnung am Gardasee sehr anschaulich dargestellt. In neun Bereichen durchläuft der Besucher den gesamten Bogen vom Baum zum Olivenöl in allen Arbeitsschritten: Es beginnt mit dem Saal der Öllampen und den Arbeiten im Olivenhain und geht weiter mit der Entwicklungsgeschichte der Ölpressen bis hin zur Verarbeitung und zum Verkauf des Olivenöls. Informationstafeln sowie ein Videofilm führen in die einzelnen Arbeitsschritte ein und zeigen, worauf es bei der Produktion eines hochwertigen und gesunden Olivenöls ankommt. Im angeschlossenen Laden kann man Olivenöl und andere kulinarische Köstlichkeiten erwerben.

Herrliche Parklandschaft in den einladenden Terme di Colà

AUF EINEN BLICK

Info

STADT: Lazise
BESTE REISEZEIT: März–November
OPTIMALE REISEDAUER: 2–3 Tage
TOURISTINFO: Touristinfo Lazise, Via Porto Vecchio 5, Lazise, Tel. +39/045/2237183, tourismlazise.it

SEHENSWÜRDIGKEITEN

DOGANA VENETA: Venezianisches Zollhaus aus dem 14. Jahrhundert direkt am Hafen. Piazzetta Partenio 13, Lazise, doganaveneta.it
KIRCHE SAN NICOLÒ: Kirche aus dem zwölften Jahrhundert, mit schönen Fresken aus dem 14. Jahrhundert. Via Fontana 5, Lazise
CASTELLO SCALIGERO: Die sechstürmige Skaligerburg aus dem zwölften Jahrhundert flankiert die wuchtige Stadtmauer am Stadtrand. Sie steht mitten im großen Park der Villa Bernini und zählt zu den besterhaltenen Burganlagen am Gardasee. Leider ist sie nur von außen zu besichtigen, da in Privatbesitz. Via Castello 13, Lazise
DIE VILLEN VON LAZISE: Lazise wartet mit zahlreichen prächtigen Villen und Palazzi auf: Die Villa Pergolana ist die bekannteste, die Villa Bernini direkt am Seeufer ist von alten Mauern umgeben, die Villa Bottona im mittelalterlichen Stil gebaut, die Villa Baratta liegt in einem schönen Park, ebenso die Villa Bazzoli und die beeindruckende Villa dei Cedri in Colà.
LUNGOLAGO LAZISE: Die Uferpromenade von Lazise zählt zu den schönsten am Gardasee.

TERME DI COLÀ, VILLA DEI CEDRI: 13 Hektar große Thermalanlage unter jahrhundertealten Bäumen. Piazza di Sopra 4, Colà di Lazise, Tel. +39/045/7590988, villadeicedri.it
MUSEO OLEIFICIO CISANO: Das erste Olivenölmuseum Italiens in Cisano. Via Peschiera 54, Cisano di Bardolino, museum.it

Schattige Stellplätze, Ruhe und Entspannung

Badewelten im Camping Fossalta in Lazise

CAMPING BELVEDERE

ADRESSE: Strada del Roccolo 11, Lazise, Tel. +39/045/7590228, campingbelvedere.com

GPS: 45.47918, 10.72405

Die üppige Vegetation und der breite Strand werden durch modernste und funktionelle Dienstleistungen ergänzt: Snackbar, Supermarkt, Restaurant, Obst- und Gemüsestand, Bazar, Waschautomaten, Bügelraum, renovierte Waschräume und Toiletten, Arztpraxis, Tischtennisplatten, Volleyball- und Tennisplatz, Schwimmbäder für Erwachsene und Kinder.

CAMPING FOSSALTA

ADRESSE: Strada del Roccolino 22, Lazise, Tel. +39/045/7590231, campingfossalta.de

GPS: 45.48077, 10.72262

Der Campingplatz Fossalta in Lazise ist eine Oase der Ruhe und Gelassenheit, umgeben von Wasser und üppiger Vegetation. Auf dem seit 1969 familiengeführten Campingplatz werden komfortable Mobilheime sowie geräumige und schattige Stellplätze angeboten. Drei verschiedene Arten von Stellplätzen gehen auf die Bedürfnisse aller Reisenden ein.

PESCHIERA DEL GARDA

Befestigungsanlagen und Wasserkanäle

Romantische Idylle: Borghetto, das verträumte Dorf der Wassermühlen am Mincio

10

Peschiera ist anders! Auf jeden Fall anders als alle anderen Ortschaften rund um den Gardasee. Eigentlich ist die Stadt eine große Festung. Über Jahrhunderte hindurch wurde an den Verteidigungsanlagen und Stadtmauern gebaut, wurden Kanäle und Wasserwege angelegt.

Peschiera liegt am südlichsten Zipfel des Gardasees, dort, wo der Fluss Mincio das Wasser des Sees nach Süden hin ableitet. An einem strategisch äußerst wichtigen Punkt also. Dementsprechend bewegt ist die Geschichte der Stadt. Bereits in der Bronzezeit zwischen 1500 und 1100 vor Christus war die Gegend besiedelt. Spuren von Pfahlbauten weisen darauf hin. Der römische Geschichtsschreiber Plinius der Ältere berichtet von der Ankunft der Römer in der Stadt Arilica, wie sie die Etrusker getauft hatten. Und er hebt vor allem den Reichtum an Fischen hervor, der hier am Südstau des Gardasees vorkommt. Direkt an der Via Gallica zwischen Verona und Brescia gelegen, entwickelt sich das historische Arilica zu einem wichtigen Handels- und Umschlageplatz für Waren. Der Schiffsverkehr über den Mincio nach Mantua trägt entsprechend dazu bei.

EINE WECHSELVOLLE GESCHICHTE

Die Geschichte ist, wie könnte es anders sein, natürlich reich an Legenden. So soll im Jahr 452 Papst Leo I. vor den Toren von Peschiera ganz ohne Waffen, nur mit einem Kreuz in der Hand, den Hunnenkönig Attila auf seinen Eroberungszügen durch Mitteleuropa gestoppt haben. Kurz zuvor hatte dieser noch Aquileia dem Erdboden gleichgemacht. Die Flüchtlinge der Stadt legten daraufhin in der Lagune den Grundstein für Venedig.
Ende des siebten Jahrhunderts bemächtigten sich die Langobarden der Herrschaft in der Stadt. Mastino I. della Scala von Verona begann ab 1261 mit dem Bau der Befestigungsanlagen im Zentrum von Peschiera. Die Rocca wurde auf den Resten einer römischen Burganlage errichtet. Im 13. und 14. Jahrhundert wechselten sich die Visconti und Sforza aus Mailand und die Gonzaga aus Mantua an der Macht ab. 1439 wurde Peschiera Teil der Serenissima Repubblica di Venezia. 1549 erhielt die Rocca ihre heutige fünfeckige Form, die Stadtmauern wurden ausgebaut und verstärkt. 1801 setzten sich die Franzosen an die Spitze der Stadt und begannen mit der Verstärkung der Verteidigungsbauten, was Österreich-Ungarn

ab 1815 konsequent fortsetzte. Peschiera bildete zusammen mit Mantua, Legnago und Verona das **oberitalienische Festungsviereck**, welches die Vormachtstellung Österreichs in Oberitalien halten sollte. Ganze 14 Befestigungsanlagen wurden auf Anregung von Feldmarschall Radetzky rund um Peschiera errichtet. Das zwischen 1853 und 1861 errichtete Forte Ardietti wird noch heute als ein architektonisches Meisterwerk innerhalb des habsburgischen Festungsvierecks betrachtet. Sieben der insgesamt 15 Original-Befestigungsanlagen sind heute noch erhalten. 1866 schließlich wurde Peschiera Teil des neuen Königreichs Italien.

DIE GRÖSSTE MILITÄRANLAGE AM GARDASEE

Peschiera ist in seinem historischen Kern auf einem Netz von Kanälen erbaut, welche sich gleich südlich der Stadt wieder im Fluss Mincio vereinen. Wassergräben, Kanäle, Stadtmauern und Befestigungsanlagen bilden hier eine große, bereits von Venedig geplante und vorangetriebene Einheit und Verteidigungsstrategie. Ein guter Teil der historischen Militäranlagen kann heute besichtigt werden, etwa die venezianischen Ringmauern an der Piazza Betteloni am Hafen. Auf dem Platz dahinter lädt das Militärmuseum im alten Palazzo des Militärpräsidiums zum Besuch. Die sternförmige, völlig vom Wasser umgebene **Festung** von Peschiera ist mit ihren 2250 Metern an Mauern die größte Militäranlage am Gardasee. Sie ist heute mit Bäumen und Büschen bewachsen und zum Teil etwas verfallen. Ihr Kern gehört immer noch der Armee, kann aber nach Voranmeldung besichtigt werden. Der **Dom San Martino** aus dem 18. Jahrhundert mit seinem klassizistischen Inneren und dem Relief des Heiligen Martin über dem Eingang befindet sich an der großen Piazza Ferdinando di Savoia. Einige noch gut erhaltene und stattliche Palazzi im venezianischen Stil stehen in der Altstadt. Am flachen Ufer zwischen Peschiera und Sirmione gibt es gute Bademöglichkeiten und zahlreiche Campingplätze mit großen Wiesenflächen, die bis an den See reichen.

DER TRADITIONELLE PALIO DELLE MURA, ein spannender Regattawettkampf mit den historischen »Gondole Gardesane« rund um die Stadtmauern von Peschiera, findet meist am letzten Wochenende im August statt.

Willkommen in Peschiera mit wichtigem Stadttor und Festung

VALEGGIO SUL MINCIO

Valeggio sul Mincio liegt knappe 15 Kilometer südlich von Peschiera am Mincio. Der Fluss fließt mitten durch die malerische Ortschaft an der Grenze zur Provinz Mantua. Es sind aber vor allem die berühmten **Tortellini** von Valeggio, welche Feinschmecker und Genießer aus aller Welt hierher locken. Tortellini, das sind die ringförmigen, in Handarbeit einzeln gefüllten kleinen Teigwaren. Für die Füllung sind der Fantasie keine Grenzen gesetzt: klassisch mit Fleisch (eine Mischung aus Kalb-, Hühner- und Schweinefleisch sowie Mortadella), mit Quark und Gemüse (Spinat, Artischocken, Auberginen, Lauch, Kürbis oder Spargel), mit Pilzen oder Trüffel oder mit verschiedenen Käsesorten. Die Tortellini werden für gewöhnlich in einer Fleischsuppe (Tortellini in Brodo), in zerlassener Butter mit Salbeiblättchen, mit Hackfleisch- oder Sahnesoße serviert.

Am dritten Dienstag im Juni eines jeden Jahres laden die Gastwirte von Valeggio zu einem besonderen Fest und beeindruckenden Spektakel, das inzwischen Kultstatus erlangt hat. Die 650 Meter lange und 25 Meter breite, zwischen 1393 und 1395 erbaute Visconti-Brücke wird zu einem großen Freiluftrestaurant. Die **»Festa del nodo d'amore«** findet statt. 4000 Gäste nehmen an dem 600 Meter langen Tisch Platz und werden von über 100 Köchen, 100 Sommeliers und 300 Kellnern in historischen Kostümen bewirtet. 600 000 handgemachte Tortellini werden aufgetragen. Dazu werden 3750 Flaschen Bianco di Custoza ausgeschenkt. Zum Abschluss steht ein fulminantes Feuerwerk auf dem Programm.

◀ Ein Muss: die berühmten Tortellini Remelli ▲ Am einladenden Mincioradweg von Peschiera nach Mantua ▼ Im einmaligen Giardino della Sigurtà

DER PASTIFICIO TORTELLINI Remelli bietet eine große Auswahl an frischer Pasta im Herzen von Vialeggio. Auch ein nettes Restaurant ist angeschlossen (Via A. Sala 24, Valeggio sul Mincio, Tel. +39/045/7951630, pastificioremelli.it).

IN PESCHIERA STARTET ein 43,5 Kilometer langer Fahrradweg. Er führt am Mincio entlang bis nach Mantua, mitten durch eine traumhafte Gegend und durch den Parco del Mincio. Die Strecke beginnt bei der Eisenbahnunterführung von Peschiera (piste-ciclabili.com).

BORGHETTO

Der Name Borghetto ist langobardischen Ursprungs und bedeutet so viel wie »befestigte Ansiedlung«. Der Ort selbst ist ein urbanistisches Unikum, in enger Symbiose mit dem Fluss Mincio entstanden und gewachsen. Die Wasser des Mincio umfließen mit leisem Rauschen die kleine Ortschaft mit ihren einladend grünen Parkanlagen.

10

Ein Bummel durch Borghetto wird zum besonderen Erlebnis, vorbei an Mühlen, die noch in Betrieb sind, durch die engen Gassen, vorbei an Gasthäusern, intimen Gärten am Wasser, Eisläden und schmucken Geschäften. Im Zentrum steht die Pfarrkirche San Marco Evangelista, um 1759 im klassizistischen Stil auf den Resten einer romanischen Kirche erbaut. Die Scaligeri, die Herren von Verona, bauten im 13. Jahrhundert oberhalb von Valeggio ihr mächtiges Castello Scaligero, eine der beeindruckendsten Burgen Italiens. Mit seinen hohen Türmen wachte das Schloss über das ganze Tal des Mincio.

Zwischen 1393 und 1395 ließ der Mailänder Gian Galeazzo Visconti eine 650 Meter lange und 25 Meter breite Brücke zum Schloss bauen. Genau genommen handelte es sich nicht nur um eine Brücke, sondern um eine Machtdemonstration ohnegleichen. Visconti wollte das südliche Mantua seiner Rivalen Gonzaga trockenlegen. Die Visconti-Brücke wurde zur geplanten Kombination aus Staudamm, Festung und Brücke. Zur Vollendung des Staudammes kam es aber nicht. Die Festungsbauwerke sind heute Ruinen. Die Brücke hingegen ist noch sehr gut erhalten.

PARCO GIARDINO SIGURTÀ

Eine Million Tulpen, 30 000 Rosen, 40 000 Buchsbäume … Der Parco della Sigurtà vor den Toren von Peschiera ist einen Besuch wert. Er zählt nicht nur zu den schönsten Gartenanlagen, sondern mit seinen 600 000 Quadratmetern Fläche auch zu einer der größten grünen Oasen Europas.

Nicolò Gerolamo Guarienti baute sich 1471 auf dem weitläufigen Gelände am Fuße der Colline Morenchi eine Villa nebst landwirtschaftlichen Gebäuden und legte damit den Grundstein für die heutige Parkanlage. 1627 engagierten die neuen Besitzer Vincenzo Pellesina, einen Schüler des großen Palladio, und bauten die Villa Maffei aus und um. 1792 entstand die erste große Gartenanlage mit Englischem Garten, einem neogotischen Tempel und einigen künstlichen Grotten. 1859 waren Napoleon III. und Kaiser Franz Josef I. in der Villa zu Gast und unterzeichneten hier den Waffenstillstand nach dem Zweiten Unabhängigkeitskrieg. 1941 schließlich kaufte der Industrielle Carlo Sigurtà den großen Besitz und legte in 40-jähriger Arbeit den heutigen Park an. Sein Neffe Enzo Sigurtà öffnete 1978 die einmalige Gartenwelt auch der Öffentlichkeit.

AUF EINEN BLICK

Info

STADT: Peschiera del Garda
BESTE REISEZEIT: März–November
OPTIMALE REISEDAUER: 2–3 Tage
TOURISTINFO: Touristinfo Peschiera, Piazza Cesare Betteloni 15, Peschiera del Garda, Tel. +39/045/2237183, tourismpeschiera.com

SEHENSWÜRDIGKEITEN

MILITÄRMUSEUM: Palazzo del Comando di Piazzaforte, Palazzina storica, Peschiera del Garda, tourismpeschiera.it
MUSEO DELLA PESCA E DELLE TRADIZIONI LACUSTRI: Caserma d'Artiglieria di Porta Verona, Via Parco Catullo 4, Peschiera del Garda, Tel. +39/338/2734508, amicidelgondolin.it
VALEGGIO SUL MINCIO: Der Ort liegt knappe 15 Kilometer südlich von Peschiera am Mincio.
BORGHETTO: Beeindruckend romantisches Mühlendorf mit dem Castello Scaligero und der Visconti-Brücke.
PARCO GIARDINO SIGURTÀ: Eine der schönsten und größten Gartenanlagen Europas. Valeggio sul Mincio, Tel. +39/045/6371033, sigurta.it, März–Nov. tgl. 9–18 Uhr

AREA CAMPER PESCHIERA DEL GARDA

ADRESSE: Via Milano 43, Peschiera del Garda, Tel +39/345/2302555, areacamperpeschiera.com
GPS: 45.44016, 10.68479
Der Hauptcamperbereich in Peschiera del Garda bietet 80 Stellplätze – neu gebaut, in einer privilegierten Lage, ganz in der Nähe des Hafens und des historischen Zentrums. Der zweite Camperbereich für Wohnmobile befindet sich nur wenige Schritte vom Heiligtum der Madonna del Frassino entfernt in einer ruhigen Gegend. Beide Anlagen sind mit Strom, Toiletten, Duschen und Waschbecken, Nachtbeleuchtung und Videoüberwachung ausgestattet. In der Nähe beider Bereiche gibt es Bushaltestellen mit Routen zum gesamten unteren Gardasee.

Area Camper Peschiera del Garda: 80 Stellplätze in bester Lage

CAMPING AMICI DI LAZISE

ADRESSE: Strada del Roccolo 8, Lazise, Tel. +39/045/6490146, campingamicidilazise.it

GPS: 45.47934, 10.72624

Kleiner, familiengeführter Campingplatz, in der Nähe von Lazise in erhöhter Lage etwas über dem See. Der Campingplatz ist mit Rasenabstellplätzen für Wohnmobile, Wohnwagen und Zeltplätzen ausgestattet. Neues Halteplatzkonzept für Wohnmobile mit Camper Stop. Ganzjährig geöffnet.

BUTTERFLY CAMPING VILLAGE

ADRESSE: Lungolago Giuseppe Garibaldi 11, Peschiera del Garda, Tel. +39/045/6401466, campingbutterfly.it

GPS: 45.44521, 10.69463

Wenige Schritte von der Altstadt von Peschiera del Garda entfernt, direkt am Ufer des Sees, liegt die Butterfly Camping Village. Der Campingplatz befindet sich nur wenige Minuten vom Strand entfernt und bietet ein Restaurant, Supermarkt, Pools und Spielbereiche für Kinder und Jugendliche. Mit Animationsaktivitäten im Sommer, Supermarkt und vielen mehr.

SIRMIONE

Die Perle am Gardasee

In Sirmione gibt es nur über die Zugbrücke und durch das Burgtor Einlass.

11

Sirmione ist einer der faszinierendsten und bezauberndsten Orte am Gardasee. Die Lage auf der schmalen Halbinsel, die sich in den See hineinschlängelt, ist einmalig. Der Thermalort hat aber auch sonst alles aufzuweisen, was den Besuch zu einem unvergesslichen Erlebnis macht.

Sirmione ist ein wenig alles in einem: beliebter Thermalkurort, gestürmte Touristenhochburg, landschaftliche Naturoase, Wiege vergangener Kulturen. Seit Jahrtausenden verlieben sich Menschen in die Halbinsel, besiedeln das Gebiet, hinterlassen ihre Spuren. Bereits im 17. Jahrhundert vor Christus bauten Ureinwohner hier am See ihre Pfahlbauten. Die Römer errichteten sich ihr Villenviertel mit Kurzentrum, Hafenanlagen und zwei Festungen. Die Langobarden erweiterten das Programm durch Kirchen und Klöster. Schließlich übernahmen die Skaliger, die Herren von Verona, die Macht vor Ort. Mastino I. della Scala ließ im 13. Jahrhundert auf den Resten des antiken römischen Kastells sein majestätisches Castello di Sirmione, die mächtige Wasserburg mit den typischen Schwalbenschwanzzinnen, erbauen, heute Blickfang und eines der Wahrzeichen der Stadt. Die Venezianer lösten ein knappes Jahrhundert später Verona ab und bauten die Verteidigungsanlagen aus.

MARIA CALLAS, GOETHE, LAWRENCE

Das milde Klima trug das Seine zur Anziehungskraft von Sirmione bei. Künstler und Schriftsteller aus allen Epochen und aller Herren Länder zog es immer wieder hierher: Die große Maria Callas wählte Sirmione über Jahre zu ihrem Erholungsort. Johann Wolfgang von Goethe war hier, der französische Schriftsteller Stendhal und der englische Autor David Herbert Lawrence, um nur einige zu nennen. Schon der römische Schriftsteller Gaius Valerius Catullus, deutsch kurz Catull genannt, suchte im ersten Jahrhundert vor Christus das wohltuende Klima von Sirmione. An Catull kommt in Sirmione übrigens noch heute niemand vorbei.

Vier Kilometer lang erstreckt sich die Halbinsel in den Gardasee hinein und teilt den Golf von Peschiera und jenen von Desenzano. Im Norden formt sich der Landstrich zu einem großen Dreieck mit drei sanften, teils felsigen Hügellandschaften: den Hügeln Cortine, San Pietro in Mavino und Grotte di Catullo.

11

ENGE GASSEN MIT VIEL FLAIR

Wir beginnen unseren Stadtbummel beim einzig möglichen Zugang zur Altstadt: Über eine Zugbrücke und tiefe Wassergräben gelangen wir durch ein mächtiges Portal mit zwei Wappen - die Leiter steht für die Erbauer, die Skaliger, der geflügelte Löwe für die Venezianer - in die Burg von Sirmione. Einen besseren Platz, um den Zugang zur Halbinsel vom Land aus zu kontrollieren, gibt es nicht. Wehrgänge, dicke Mauern und massive Ecktürme lassen noch heute das raffinierte Verteidigungssystem aus dem 13. Jahrhundert erkennen. 47 Meter hoch ist der nach dem Erbauer Mastino I. benannte Turm im großen Hof der Burg. Im Mittelalter wurde er als Waffenkammer und Hauptgebäude der Militäranlage benutzt. Von hier aus genießen wir den Blick auf den Hafen von Sirmione, der natürlich ebenfalls aus der Zeit der Skaliger stammt.

Über die Einkaufs- und Bummelpromenade Via Vittorio Emanuele spazieren wir zur zentralen Piazza Carducci mit ihren schmucken Häuserfassaden. Der Palazzo Maria Callas aus dem 18. Jahrhundert lädt mit seinen Galerien zu Ausstellungen und besonderen Veranstaltungen. Geschäfte, Boutiquen, Schmuck- und Souvenirläden, Eisdielen, Bars und Restaurants säumen den Weg und stellen uns vor die Qual der Wahl.

DIE KIRCHEN VON SIRMIONE

Von Salvatore in Cortine, der zwischen 765 und 774 von den Langobarden erbauten Basilika, sind nur noch letzte Überreste erhalten. Die Kirche wurde der Legende nach auf Wunsch von Königin Ansa, der Gemahlin des letzten Langobardenkönigs Desiderius, errichtet. In der Via Catullo Caio Valerio steht die Villa Cortine, ein klassizistischer Palazzo aus dem 19. Jahrhundert mitten in einer großzügig angelegten, vornehmen Parkanlage: heute ein Fünf-Sterne-Hotel mit allem erdenklichen Luxus.

Auf dem zweiten Hügel von Sirmione, inmitten von Olivenhainen und Zypressen, steht die Kirche San Pietro in Mavino. Auch ihre Ursprünge gehen auf das achte Jahrhundert und die Langobarden zurück. Im Inneren befinden sich sehenswerte Fresken aus dem zwölften bis 16. Jahrhundert. Die Pfarrkirche Santa Maria Maggiore, auch Santa Maria delle Neve (Heilige Maria des Schnees) genannt, aus dem 15. Jahrhundert liegt im Osten und besticht mit schönen Fresken.

Malerische Winkel und mildes Klima tragen zur Anziehungskraft von Sirmione bei.

JEDEN MONTAG IN Colombare und jeden Freitag in Lugana findet ein großer Wochenmarkt mit Lebensmitteln, Bekleidung, Schuhwaren und den verschiedensten Freizeit- und Haushaltsartikeln statt. Wer danach noch weitershoppen möchte, findet im Geschäft Outlet italienische Designerkleidung zu stark reduzierten Preisen (Via Vittorio Emanuele 74, Sirmione, Tel. +39/030/916532).

HEISSE THERMALQUELLEN

Knapp 300 Meter von den Grotte di Catullo entfernt entspringen direkt im Gardasee 69 Grad heiße schwefelhaltige Thermalquellen. 1896 gelang es erstmals, das Heilwasser effizient zu sammeln und aufs Festland zu leiten. Mit dem schwefelhaltigen Salz-, Jod- und Bromwasser werden heute mit Erfolg vor allem Atemwegserkrankungen, rheumatische Beschwerden und Hauterkrankungen sowie Durchblutungsstörungen und Muskelverspannungen kuriert.

Die **Therme Catullo** liegt im Zentrum von Sirmione, zwischen Altstadt und den Grotte di Catullo, die 1987 errichtete **Therme Virgilio** etwas außerhalb von Sirmione, in Colombare. Hinzu kommt das neue Thermen- und Wellness-Zentrum **Aquaria**, eine Rundum-Wohlfühloase für Wellness, Fitness, Beauty, Gesundheit, Spaß und Erholung.

Grotte di Catullo: bedeutender römischer Bau aus der Römerzeit im Norden Italiens

GROTTE DI CATULLO

Auf dem nördlichsten felsigen Hügel der Landspitze von Sirmione, in herrlich exponierter Lage, liegen die weitläufigen Ruinen der Grotte di Catullo. Auf über zwei Hektar erstrecken sich die Überreste der herrschaftlichen römischen Villa, die zu den bedeutendsten archäologischen Resten aus der Römerzeit im Norden Italiens zählen. Die **Villenanlage** entstand in mehreren Bauphasen zwischen dem ersten und zweiten Jahrhundert nach Christus und erstreckt sich über 250 Meter lang von Süden nach Norden. Im Zentrum der Villa befand sich einst ein von Säulen umgebener Gartenpark. Kunstvolle Freskenreste und wunderschöne Mosaike deuten noch heute auf die prachtvolle Ausstattung des einstigen Landhauses hin. Die Villenanlage verfügte über einen großen, prächtigen Thermenbereich. Antike Bleirohre brachten das Thermalwasser von der heißen Schwefelquelle, die 300 Meter vom Ufer entfernt im See entspringt, zu den Thermalanlagen. Die gesamte Wasserversorgung der Villa wurde über Zisternen sichergestellt. Eine großartige Anlage, die ihresgleichen sucht. Die wichtigsten archäologischen Funde, Skulpturfragmente, Mosaikstücke, Freskenreste, Öllampen, Schmuck und andere befinden sich in dem kleinen, aber sehr modernen **Museum** am Eingang. Hier werden Luxus und Pracht der ursprünglichen antiken Anlage anschaulich dargestellt. Auf Monitoren werden Filme gezeigt, die das Leben der Zeit nachstellen. In 3D-Animationen werden die Gebäude rekonstruiert dargestellt.

11

LUGANA - DER KLASSISCHE WEISSE VOM GARDASEE

Der Lugana zählt seit Jahrhunderten zur Weinbautradition der fünf Ursprungsgemeinden Desenzano del Garda, Lonato, Sirmione, Pozzolengo und Peschiera del Garda. Über zwei Provinzen, Brescia und Verona, sowie über zwei Regionen, die Lombardei und das Veneto, erstreckt sich sein kontrolliertes Anbaugebiet. Insgesamt 1200 Hektar Weingärten sind mit Trebbiano-Reben für den Lugana bestockt. 100 000 Hektoliter Lugana werden im Durchschnitt alljährlich gekeltert, zehn Millionen Flaschen als Lugana, als Lugana Superiore, als Riserva, Vendemmia Tardiva und als Lugana Spumante abgefüllt. Diese werden vorwiegend vor Ort im touristisch hoch erschlossenen Gardaseegebiet getrunken, finden aber zunehmend auch außerhalb der Region Freunde und Liebhaber.

Den Lugana gibt es in unterschiedlichen Qualitäten, vom einfachen, frischen und volkstümlichen Wein aus hohen Hektarerträgen bis hin zur edelsüßen Auslese, vom charaktervollen, komplexen **Superiore** und **Riserva** bis hin zum prickelnd-spritzigen **Spumante**. Dabei hat der Wein in jüngerer Zeit mehr als eine Renaissance erlebt und viele Moden schadlos überdauert. Dem Stil des Lugana treu zu bleiben, ist für die Erzeuger deshalb oft nicht ganz einfach.

Die typisch strohgelbe Farbe mit einigen grünen Schattierungen schlägt beim Lugana mit zunehmender Reife in einen goldgelben Glanz um. In der Nase besticht der Wein mit delikaten Aromen von weißen Blüten, Aprikosen, frischen Äpfeln und Birnen, Zitrusfrüchten und etwas Bittermandeln. Im Gaumen überzeugt ein guter Lugana mit Eleganz und Noblesse, mineralischer Struktur und angenehmer Frische.

◀ Malerische Uferpromenade in Sirmione ▶ Frühlingswanderung am Gardasee

AUF EINEN BLICK

Info

STADT: Sirmione
BESTE REISEZEIT: März–November
OPTIMALE REISEDAUER: 2–3 Tage
TOURISTINFO: Touristinfo Sirmione, Viale Guglielmo Marconi 8, Sirmione, Tel. +39/349/8183452, sirmionebs.it/info

SEHENSWÜRDIGKEITEN

PALAZZO MARIA CALLAS: Ausstellungsgalerien und Veranstaltungen. Piazza Carducci, Sirmione
BASILICA SAN SALVATORE IN CORTINE: Zwischen 765 und 774 von den Langobarden erbaut. Via San Salvatore 2, Sirmione
KIRCHE SANTA MARIA: Pfarrkirche aus dem 15. Jahrhundert, mit schönen Fresken. Via Santa Maria Maggiore 17, Sirmione
KIRCHE SAN PIETRO: Die Kirche stammt aus dem achten Jahrhundert. Via San Pietro in Mavino, Sirmione
KIRCHE SANT'ANNA: Die kleine und fast unscheinbare Kirche Sant'Anna della Rocca aus dem 13. Jahrhundert steht direkt neben der Skaligerburg.
SKALIGERBURG: Burg mit raffiniertem Verteidigungssystem aus dem 13. Jahrhundert. Piazza Castello 34, Sirmione
THERMALEINRICHTUNGEN: Piazza Don A. Piatti 1 und Piazza Virgilio 2, Sirmione, termedisirmione.com
GROTTE DI CATULLO: Ganzjährig Di–So 8.30–18.30 Uhr geöffnet. Von April bis Oktober sind die Grotten auch mit einem Elektrozug mit Start beim Thermalbad erreichbar. Piazzale Orti Manara 4, Sirmione, Tel. +39/030/916157, archeologica.lombardia.beniculturali.it

PARCO AGRICAMPEGGIO BORGHETTO

ADRESSE: Via Monte Borghetto 13, Valeggio sul Mincio, Tel. +39/045/7952086, agricampingborghetto.com
GPS: 45.35752, 10.72082
Der Campingpark Borghetto befindet sich in wunderschöner Lage in den Moränenhügeln südlich des Gardasees im Mincio-Naturpark, nur 500 Meter entfernt vom Zentrum Borghettos. Der Camping-

▲ Im Parco Agricampeggio Borghetto im Mincio-Naturpark ◀ Etwas Kitsch und ein Hauch von Süden ▶ Entspanntes Treiben unter Olivenbäumen

platz bietet 16 Stellplätze jeweils mit privatem Bad und WC. Von hier erreicht man in wenigen Minuten den Parco Sigurtà und den Wasserpark Cavour. Bis zum Zoo-Safari-Park Natura Viva, Gardaland, Sea Life, Movieland, Caneva World, den Thermen von Colà, Acquaria, den Thermen von Sirmione sowie Sirmione selbst und zu den Städten Verona und Mantua sind es nur wenige Kilometer.

DESENZANO

Charmante Handelsstadt

Schmucke Palazzi umrahmen den historischen Hafen von Desenzano.

12

Desenzano, die größte Stadt am Gardasee, ist keine reine Touristenstadt. Desenzano ist eine wirkliche, eine das ganze Jahr über lebendige Stadt. Hier treffen sich Einheimische und Gäste auch im Winter zum Shoppen und Promenieren und vor allem zum Eintauchen in das rege Nachtleben.

In den Straßen längs des einen Kilometer langen Lungolago Cesare Battisti reihen sich ein elegantes Geschäft und eine exklusive Boutique an die andere. Am besten starten wir unseren Einkaufsbummel an der zentralen Piazza Malvezzi gleich neben dem Porto Vecchio – vorbei an Eisdielen und Bars, an Straßencafés, kleinen Restaurants und einladenden Imbissstuben. An einem erfrischenden Aperitif und einem kleinen Eisbecher vor unserer Shoppingtour kommen wir wohl nicht vorbei.
Der alte und suggestive Hafen gleich nebenan ist ein Symbol für das, was bei den Bürgern von Desenzano seit Jahrhunderten im Mittelpunkt steht: der Handel. 1426 wurde Desenzano unter der Herrschaft von Venedig Teil der »Magnifica Patria« und entwickelte sich zu einem bedeutenden wirtschaftlichen und kulturellen Zentrum. Im Mittelalter war Desenzano der wichtigste Getreideumschlagplatz der Lombardei. Mit guten Verteidigungsanlagen ausgestattet, garantierte der Hafen den Handelsschiffen sicheres Geleit. Auf diesen häuften sich Olivenöl, Südfrüchte und Wein, Salz und Gewürze aus dem Süden, Stoffe und Eisenwaren, die in Desenzano entladen wurden. Den Hafen verließen die Händler dann vollbeladen mit Getreide gen Norden. In großen Speichern und Lagerhallen am Hafen wurden die Waren gelagert und für ihren Weitertransport vorbereitet.

GESCHÄFTE, MÄRKTE UND EINKAUFSZENTREN

Das Gespür für den Handel und die Liebe zu diesem Gewerbe haben die Bürger von Desenzano noch heute im Blut. Der Ort des Geschehens hat sich allerdings etwas verlagert: in die noblen und quirligen Einkaufsstraßen, die großen und in Italien so beliebten Einkaufszentren und Outlets. Einer der beliebten Treffpunkte ist das Einkaufszentrum Le Vele in unmittelbarer Nähe zum Bahnhof von Desenzano. In den zwei gläsernen Rundbauten und der großen Galerie mit Wintergarten tummeln sich das ganze Jahr über Tausende von Einkaufslustigen.

Hinzu kommen die beliebten Wochenmärkte. Die Piazza Malvezzi, das Herz der Stadt, sowie die Seepromenade füllen sich jeden Dienstag beim Wochenmarkt mit einem bunten Treiben. Vom billigen Souvenir bis zum alltäglichen Gebrauchsgegenstand, von Lebensmitteln bis zur Bekleidung ist hier alles zu haben. Jeden ersten Sonntag im Monat, mit Ausnahme von Januar und August, belebt sich das Zentrum beim traditionellen Antiquitätenmarkt. Hier können wir zwischen Keramik- und Glaswaren, Schmuck und Möbeln, Meisterwerken aus den vergangenen Jahrhunderten und alten Büchern wählen und das besondere Flair des Marktes genießen.

GESCHICHTE HAUTNAH ERLEBEN

Vom mittelalterlichen Schloss sind nur noch einige Mauerreste und Zinnen erkennbar. Interessante Spuren aus der Geschichte der Stadt finden wir aber in der Bronzezeit, 2000 Jahre vor Christus, als sich in der Gegend die Polada-Kultur ausbreitete. Das markanteste Denkmal aus der Römerzeit ist die 1921 entdeckte und ausgegrabene Villa Romana aus dem ersten Jahrhundert nach Christus, eines der wichtigsten Zeugnisse der großen spätantiken Villen Norditaliens. Mit dem Bau der Villa wurde Ende des ersten Jahrhunderts vor Christus begonnen. Zu besichtigen sind neben dem Antiquarium mit Skulpturen, Schmuckstücken, Gebrauchsgegenständen und Lampen das achteckige Vestibulum, das Peristylium sowie die Vorhalle, die prunkvolle »Aula trichora«. Besonders faszinierend sind die gut erhaltenen Mosaikböden, die Szenen aus dem Leben der Fischer, des Landlebens sowie Jagdszenen darstellen.

Funde aus der Torfgrube von Polada zwischen Desenzano und Lonato und aus dem Gebiet von Lavagnone, einer südlich der Stadt gelegenen Pfahlbausiedlung, sind im 1990 eröffneten Museum Rambotti zu besichtigen. Außer Keramiken, Messer- und Waffenspitzen aus Stein befindet sich dort auch ein gut erhaltener großer Pflug aus Eichenholz aus der Bronzezeit. Karten, Lagepläne und Erläuterungen ergänzen die Ausstellung.

Im Kloster Santa Maria de Senioribus befindet sich auch der Ende des zweiten Jahrhunderts gemeißelte Sarkophag des Atilia Urbica aus weißem Stein und rotem Marmor. Der Steinsarg trägt eine lateinische Inschrift sowie zwei Abbildungen von Frauen, welche Laute spielen. Der Dom von Desenzano wurde zwischen 1586 und 1611 nach einem Projekt des aus Bre-

Die Tische an der Uferpromenade von Desenzano sind gedeckt.

scia stammenden Architekten Giulio Todeschini erbaut und der Heiligen Maria Magdalena gewidmet – dort beeindruckt Gian Battista Tiepolos Frühwerk »Letztes Abendmahl«.

Tipp

Desenzano ist ein Muss für alle Nachtschwärmer. Es ist das Rimini des Gardasees. Hier befinden sich viele Nachtlokale, Clubs und Discos, die die Nacht im wahrsten Sinne des Wortes zum Tag machen. Egal ob in Europas angesagtester Großraumdisco oder direkt am Sandstrand, hier zählt nur eines: Feiern, Flirten, Freunde treffen und das Tanzbein schwingen.

SOLFERINO

Inmitten der lieblichen Hügellandschaft in den Colli Moreniche am südlichen Gardasee erhebt sich weithin sichtbar die mittelalterliche Rocca von Solferino, das Wahrzeichen der Stadt, die zu einem entscheidenden Schicksalsort in der Geschichte Italiens geworden ist. Im Zuge des Risorgimento, der italienischen Befreiungs- und Unabhängigkeitsbestrebungen, kam es am 24. Juni 1859 bei Solferino zur Schlacht zwischen den Truppen des Königreichs Sardinien-Piemonts und Frankreichs unter der Führung von Napoleon III. auf der einen Seite und der Armee Österreich-Ungarns auf der anderen. Die Schlacht führte zur Niederlage Österreichs und war ein wichtiger Schritt zur Vereinigung der italienischen Provinzen in einen unabhängigen Nationalstaat.

◀ Der 23 Meter hohe Turm der Rocca di Solferino ▶ Oldtimer auf Tour

Auf dem Schlachtfeld blieben über 38 000 Verwundete, Sterbende und Tote liegen, ohne dass ihnen jemand Hilfe leistete. »Die Sonne des 25. Juni beleuchtet eines der schrecklichsten Schauspiele, das sich erdenken lässt. Das Schlachtfeld ist allerorten bedeckt mit Leichen von Menschen und Pferden. In den Straßen, Gräben, Bächen, Gebüschen und Wiesen, überall liegen Tote, und die Umgebung von Solferino ist im wahren Sinne des Wortes mit Leichen übersät. Getreide und Mais sind niedergetreten, die Hecken zerstört, die Zäune niedergerissen, weithin trifft man überall auf Blutlachen«, schrieb Jean-Henri Dunant in seinen erschütternden »Erinnerungen an Solferino«, die zur Gründung des Internationalen Roten Kreuzes führten.

SCHAUPLATZ DER GESCHICHTE

Das **Museum von Solferino** ist heute der Geschichte des Risorgimento gewidmet. Gezeigt werden Waffen, Uniformen, Fahnen und Ausrüstungsgegenstände der beteiligten Armeen ebenso wie zeitgenössische Darstellungen der Auseinandersetzungen. In der Nähe des Museums befindet sich das **Ossario di Solferino**, die beeindruckende Knochenkapelle. In der kleinen **Chiesa San Pietro in Vincolo** werden über 7000 Schädel und Gebeine von Gefallenen der Schlacht aufbewahrt.

Über eine Zypressenallee gelangen wir vom Burgplatz aus zum 1959 eingeweihten Denkmal des Roten Kreuzes, dem **Memoriale della Croce Rossa Internazionale**, errichtet aus Marmorblöcken aus den damaligen 148 Mitgliedsländern des Roten Kreuzes. Mitten in der Parkanlage, am höchsten Punkt des Moränenhügels, steht der 23 Meter hohe Turm der Rocca, der während der Befreiungskriege in »Spia d'Italia«, Spion von Italien, umgetauft wurde. Zum Gedenken an die Schlacht findet alljährlich am Sonntag um den 24. Juni eine Prozession mit Gedenkgottesdienst beim Ossario statt. Das italienische Rote Kreuz gedenkt am Vorabend bei einem Friedensfackelzug von Solferino nach Castiglione delle Stiviere daran.

CASTIGLIONE DELLE STIVIERE

Castiglione delle Stiviere ist ein schmuckes Städtchen. Obwohl nur zehn Kilometer von Desenzano entfernt, wird der Besucher hier nicht von Touristenströmen überrannt. Die historische Altstadt präsentiert sich mit prachtvollen Bauten aus dem 17. Jahrhundert. Castiglione ist lange Zeit Residenzstadt der Gonzaga, der Herzoge von Mantua.

Die Stadt ist durch die vielen kriegerischen Auseinandersetzungen bekannt, die in ihrer Umgebung stattgefunden haben, darunter die drei Schlachten von Castiglione in den Jahren 1702, 1706 und 1796. Zu trauriger Berühmtheit kam auch die **Schlacht von Solferino** im Jahr 1859 zwischen Napoleon, Sardinien-Piemont und Österreich-Ungarn. Mutige Frauen aus Castiglione delle Stiviere nahmen sich der vielen Verwundeten an und pflegten sie. Der Schweizer Geschäftsmann Jean-Henri Dunant befand sich gerade in der Gegend und war erschüttert vom Leid Zehntausender Soldaten und Verwundeten. Spontan organisierte er Hilfe und richtete in der Chiesa Maggiore von Castiglione delle Stiviere ein Behelfshospital ein. Nach seiner Rückkehr in die Schweiz verfasste er die Mahnschrift »Eine Erinnerung an Solferino«, die zur Gründung des Roten Kreuzes und 1864 zur Genfer Konvention führte. 1901 erhielt Dunant als Erster den Friedensnobelpreis.

Der Palazzo Triulzi-Longhi in Castiglione delle Stiviere beherbergt seit 1959 das **Museum des Internationalen Roten Kreuzes**. Hier kann man Tragbahren, Transportkutschen, chirurgische Instrumente sowie viele Dokumente, Gemälde und Fotos der Schlacht von Solferino und der Entwicklung des Roten Kreuzes sehen.

AUF EINEN BLICK

Info

STADT: Desenzano
BESTE REISEZEIT: März–November
OPTIMALE REISEDAUER: 2–3 Tage
TOURISTINFO: Touristinfo Desenzano del Garda, Via Carducci 4, Desenzano del Garda, Tel. +39/030/9994211, comune.desenzano.brescia.it

SEHENSWÜRDIGKEITEN

VILLA ROMANA: Eines der wichtigsten Zeugnisse der großen spätantiken Villen Norditaliens. Via Crocifisso 22, Desenzano, Tel. +39/030/9143547, villaromanadesenzano.beniculturali.it

MUSEUM RAMBOTTI: Im ehemaligen Kloster Santa Maria de Senioribus untergebracht. 4000 Jahre Geschichte von Desenzano werden hier anschaulich dokumentiert. Freier Eintritt. Via Anelli 42, Desenzano, Tel. +39/030/9144259

DOM VON DESENZANO: Der Dom Santa Maria Maddalena wurde zwischen 1586 und 1611 erbaut. Via Roma 5, Desenzano

DENKMAL DES ROTEN KREUZES – MEMORIALE DELLA CROCE ROSSA: 1959 aus Marmorblöcken aus den damaligen 148 Mitgliedsländern des Roten Kreuzes errichtet. Grandiose Aussicht vom im Jahr 1022 erbauten Turm der Rocca, der »Spia d'Italia«.

MUSEUM VON SOLFERINO: Waffen, Kanonen und Uniformen sowie zahlreiche Erinnerungsstücke an die Schlacht vom 24. Juni 1859 sind ausgestellt. Von März bis September Di–So 9–12.30 und 14.30–19 Uhr geöffnet, ansonsten auf Vormerkung. Via Ossario di Solferino, Solferino, Tel. +39/037/6854019, solferinoesanmartino.it

ROCCA DI SOLFERINO: Das Wahrzeichen von Solferino. Via Vicinale del Castello, Solferino, Tel. +39/338/7501396, solferinoesanmartino.it

MUSEUM DES INTERNATIONALEN ROTEN KREUZES: Dokumente, chirurgische Instrumente, Tragbahren und Feldausrüstungen, sowie Beweisstücke der vergangenen und gegenwärtigen Aktivität des Roten Kreuzes in aller Welt. Via Giuseppe Garibaldi 50, Castiglione delle Stiviere, Tel. +39/037/6638505, micr.it

▲ Blick von der Rocca di Solferino ▼ Denkmal des Roten Kreuzes

SAN FRANCESCO CAMPING VILLAGE

ADRESSE: Strada Vicinale San Francesco, Desenzano del Garda, Tel. +39/030/9110245, campingsanfrancesco.com

GPS: 45.46581, 10.59465

Die San Francesco Camping Village in Desenzano bietet vier Platztypologien zur Auswahl: Stellplätze am See (drei Typologien), Stellplatz Superior, voll ausgestatteter Stellplatz und Stellplatz Standard. Zusätzlich gibt es die Möglichkeit, einen Stellplatz in Panoramalage direkt am Gardasee zu wählen. Stellplatzgröße 7 x 12 Meter – optimal für Wohnwägen oder große Camper.

MONIGA & MANERBA DEL GARDA

Heimelige Gassen und schöne Ausblicke

Isola del Garda: Villa Borghese-Cavazza, im neogotisch-venezianischen Stil erbaut

13

Moniga del Garda zählt zu den attraktivsten Dörfern am westlichen Gardasee und punktet mit seinem mittelalterlichen Zentrum, dem romantischen Hafen, den langen Stränden, mit seiner gastronomischen Vielseitigkeit und seinem Wein, dem Chiaretto. Von Manerba del Garda aus genießt man den schönsten Ausblick über den südlichen Gardasee.

Moniga schmiegt sich sanft in die zum See hin abfallende Hügellandschaft und wird, wie die meisten Ortschaften hier, von einer Burg beherrscht. Das im elften Jahrhundert erbaute **Castello di Moniga** diente in seiner Geschichte ausschließlich zu Verteidigungszwecken, anfänglich vor allem gegen die Einfälle der Hunnen. Die heutige Anlage mit ihren zinnenbewehrten Burgmauern stammt in dieser Form aus dem 15. Jahrhundert. Eine Besonderheit: Die Burg diente zu keiner Zeit als Wohnsitz irgendwelcher Herren. Hierher flüchteten sich nur im Notfall die Bewohner. Auch die Lage selbst ist nicht unbedingt als strategisch einzustufen. Wohl auch deshalb wurde die Burg nie ernsthaft angegriffen und erobert und präsentiert sich noch heute in ausgezeichnetem Zustand. Innerhalb der Wehrmauern hatten sich Bürger im Laufe der Jahrhunderte selbst ihre Häuschen gebaut und beleben heute die Anlage.

Enge und schmucke Gassen prägen das mittelalterliche Zentrum von Moniga. Der älteste Ortsteil **Pozzo** zeigt sich dabei besonders charakteristisch und heimelig: Hier fühlt man sich wahrhaft in eine andere Zeit zurückversetzt. Der Wehrturm der Rocca dient gleichzeitig als Glockenturm für die Pfarrkirche San Martino aus dem 15. Jahrhundert.

LANGE STRÄNDE UND GUTE KÜCHE

Über die Herkunft des Namens Moniga sind sich die Forscher nicht einig: Die einen glauben an ein altes Heiligtum vor Ort, das der griechischen Göttin Diana Munichia geweiht ist, von der sich der Name ableitet. Die anderen führen ihn auf den germanischen Ausdruck »Morn« im Sinne von »dem Morgen zugewandt« zurück. Tatsache ist, dass die Gegend schon in der Bronzezeit besiedelt war. Eine römische Steintafel – wohl eine Votivtafel, in der zwei Fischer für ihre glückliche Rettung aus dem stürmischen See danken – führt erstmals den Begriff »Benacus« an: »Nettuno – Autore ed a Benaco Sacro – Massimo Coeus e Faxino Catulus voto adempirono.«

13

Moniga ist heute vor allem für seine zehn Kilometer langen, flachen und zum Teil auch sandigen **Strände** und seinen einladenden Hafen beliebt, nicht nur bei Familien. Hinzu kommen ein reichhaltiges gastronomisches Angebot, viele lokale Feste und Jahrmärkte. Und dann ist Moniga noch die Heimat des fruchtig-frischen **Chiaretto**, der hier aus der Gropello-Traube sowie aus Marzemino, Sangiovese und Barbera gekeltert wird.

JEDEN DIENSTAG FINDET in der Via XXV Aprile ein großer Wochenmarkt statt. Im Juli und August lädt jeden Donnerstagabend zudem ein Sommermarkt mit großem Angebot auf die Piazza San Martino. Eine große Auswahl an Formaggi und Salumi bietet der kleine Spezialitätenladen Sapori tipici da Alberto im Zentrum von Moniga.

MANERBA DEL GARDA

Manerba del Garda setzt sich aus sechs kleinen schmucken Ortschaften zusammen: dem etwas landeinwärts gelegenen Hauptort Solarolo sowie Montinelle mit der Rocca, Balbiana, Pieve, Crociale und Gardoncino, allesamt inmitten der sanften grünen Hügel mit ihren Olivenhainen und Weingärten gelegen.

Zentraler und markanter Mittelpunkt ist die **Rocca di Manerba** auf dem 216 Meter hoch gelegenen, senkrecht in den See abfallenden Felsen. Die Römer bauten auf diesem erhabenen Vorsprung einen Tempel für ihre Göttin Minerva. Diese soll für die Namensgebung der Ortschaft verantwortlich sein. Auf dem heiligen Berg haben aber bereits 10 000 Jahre vorher Menschen ihren Göttern gehuldigt, wie zahlreiche Funde belegen. Auf den Grundmauern der römischen Tempelanlagen errichteten die Langobarden im achten Jahrhundert eine Festung, die 1575 von den Venezianern dem Erdboden gleichgemacht wurde. Das riesige Ruinenfeld erinnert an die wechselvolle Geschichte.

Rund um den markanten Burgfelsen laden heute Spazier- und Wanderwege zum Besuch des herrlichen Naturparks, einem botanischen Garten mit 400 Pflanzen- und Baumarten und einer Vielzahl an Orchideen. Auf dem Weg zur Rocca befindet sich auch das Museum des Parks mit einem archäologischen und einem naturkundlichen Schwerpunkt. Zum einen

Rundumblick auf den See von der Rocca in Manerba del Garda aus

werden hier archäologische Fundstücke aus der Rocca präsentiert, zum anderen führt eine Ausstellung in die Vielfalt und faszinierende Welt des Naturparks um die Rocca.

MALERISCHE UFER UND LEBENDIGES STRANDLEBEN

Nach Manerba del Garda fahren wir vor allem wegen seiner langen, schönen Strände und seiner malerischen Uferzone mit dem Hafen Porto Dusano. Es macht Spaß, von der schmalen Landzunge Punta Belvedere nördlich der Rocca zur wenige Hundert Meter entfernten Zypresseninsel San Biagio durch knietiefes Wasser hinüberzuwaten und von dort den Blick auf den See und die Rocca zu genießen. Am seichten Ufer hier und an den gepflegten Stränden finden wir herrliche Badestellen. Nicht umsonst ist Manerba del Garda insbesondere bei Familien mit Kindern ein beliebtes Urlaubsziel.

Nicht versäumen dürfen wir einen Besuch in der Kirche Santa Maria del Carmine im Ortsteil Pieve Vecchia, dem ältesten romanischen Bauwerk im Valtènesi. In der Pfarrkirche in Solarolo aus dem 18. Jahrhundert sind wertvolle Gewölbefresken sowie Gemälde von Andrea Celesti zu sehen. Mehrere eindrucksvolle Fresken aus dem 15. Jahrhundert sind auch in der Kirche Santa Lucia in Balbina zu bewundern.

Die Barockkirche San Giovanni Battista Decollato in Manerba del Garda

DAS INTERNATIONALE SOMMERMUSIKFESTIVAL »Armonie sotto la Rocca« findet im August statt. Doch auch sonst ist das Konzertprogramm unter der Rocca von Manerba sehr vielseitig: Rock und Pop, Jazz und Blues sowie klassische Musik. Hinzu kommen folkloristische Veranstaltungen und Chorauftritte (visitgarda.com).

ISOLA DEL GARDA

Um die größte Insel am Gardasee ranken sich viele Geschichten. Franz von Assisi gründete hier eine Einsiedelei. Dichterfürst Dante Alighieri holte sich Inspirationen für seine »Divina Commedia«. Heute bezaubern die herrlichen Parkanlagen und die prunkvolle Villa Borghese-Cavazza die Besucher.
Je nachdem, wem die Insel gerade gehörte, wechselte sie im Laufe ihrer Geschichte immer wieder ihren Namen: Insula Cranie zur Zeit der Römer, Isola dei Frati, Isola Lechi, Isola Scotti, Isola de Ferrari und heute schließlich Isola Borghese nach ihren derzeitigen Besitzern Borghese-Cavazza. Friedrich II., Kaiser des römisch-deutschen Reiches, schenkte die Insel im Jahr 1221 dem Adeligen Biemino aus Manerba. Dieser ließ Franz von Assisi auf der einsamen und verwachsenen Insel eine Einsiedelei für seinen Orden errichten. Die Insel wurde zur Isola dei Frati, zur Insel der Mönche. In den späteren Jahrhunderten weilten auch Antonius von Padua und Bernhardin von Siena im Kloster auf der Insel.

Ab dem 19. Jahrhundert wechselt die Insel immer wieder ihre Besitzer – und ihren Namen. Zwischen 1890 und 1903 ließ Herzog Gaetano de Ferrari vom Architekten Luigi Rovelli die heutige prunkvolle Villa in neogotisch-venezianischem Stil erbauen. Seine Tochter heiratete den römischen Prinzen Scipione Borghese, deren Tochter Livia den Grafen Alessandro Cavazza aus Bologna. So kommen wir endlich zum Namen Isola Borghese. Die Insel befindet sich heute im Besitz der sieben Enkelkinder und wird das ganze Jahr über von ihnen bewohnt.

ZAUBERHAFT MYSTISCH UND GEHEIMNISVOLL

2002 öffneten die Besitzer die Insel erstmals auch für Besucher. Für einen Besuch müssen wir uns allerdings vorher anmelden. Es lohnt sich! In einer geführten Gruppe setzen wir auf die Insel über. Ein Hauch von Mystik und Geheimnis umgibt das Eiland noch heute. Zu Füßen der Villa erstrecken sich wundervolle Terrassen und blühende italienische Gärten bis hin zum See – mit üppiger Vegetation und vielen heimischen und exotischen Pflanzen. Der stimmungsvollste und wildeste Teil befindet sich in der dicht bewachsenen flachen Zone der Insel mit Zypressen, Eichen, Zedern, Pappeln, Platanen, Tannen und Kiefern sowie zahlreichen mediterranen Sträuchern und Pflanzen. In der Villa selbst gibt es unter anderem ein wunderschönes Ölgemälde von Carlo Carloni aus dem 16. Jahrhundert zu bestaunen.

Parkanlagen und die prunkvolle Villa Borghese-Cavazza auf der Isola del Garda

AUF EINEN BLICK

Info

STÄDTE: Moniga del Garda, Manerba del Garda
BESTE REISEZEIT: März–November
OPTIMALE REISEDAUER: 2–3 Tage
TOURISTINFO MONIGA DEL GARDA: Piazza San Martino 1, Moniga del Garda, Tel. +39/0365/502015, visitgarda.com
TOURISTINFO MANERBA DEL GARDA: Piazza Garibaldi 19, Manerba del Garda, Tel. +39/0365/551121, visitgarda.com

SEHENSWÜRDIGKEITEN

CASTELLO DI MONIGA: Im elften Jahrhundert erbaute Verteidigungsburg. Via Castello, Moniga
MADONNA DELLA NEVE: In der Fraktion San Michele ist die romanische Kirche Madonna della Neve, im 16. Jahrhundert nach dem Vorbild antiker Basiliken erbaut, einen Besuch wert. Via Madonna, Moniga
ROCCA DI MANERBA: Burg auf dem 216 Meter hoch gelegenen, senkrecht in den See abfallenden Felsen. Via Giacomo Matteotti 10, Manerba del Garda
MUSEUM – PARCO ARCHEOLOGICO NATURALISTICO: Via Rocca 20, Manerba del Garda, Tel. +39/339/6137247, riservaroccamanerba.com
ZYPRESSENINSEL SAN BIAGIO: Durch seichtes Wasser zu Fuß erreichbar.
KIRCHE SANTA MARIA DEL CARMINE: Im Ortsteil Pieve Vecchia, das älteste romanische Bauwerk im Valtènesi.
ISOLA DEL GARDA: Von April bis Oktober lädt die Familie der Grafen Borghese-Cavazza zu zweistündigen Führungen auf die Insel. Besichtigt werden die üppigen italienischen und englischen Gärten mit ihren exotischen Pflanzen und Bäumen und ein Teil der beeindruckenden Villa. Die Bootsfahrt von Barbarano, Gardone, Salò, Manerba und Portese dauert ungefähr 15 Minuten, von Maderno aus 20 Minuten, von Garda und Bardolino 30 Minuten. Die Fahrt ist im Preis für das zweistündige Besichtigungsprogramm inbegriffen. Azienda Agricola Borghese Cavazza, Via Fornella 1, San Felice del Benaco, Tel. +39/328/6126943, isoladelgarda.com

Der Campingplatz La Rocca in Manerba del Garda (laroccacamp.it)

CAMPING ROMANTICA

ADRESSE: Via Giuseppe Verdi 17, Manerba del Garda, Tel. +39/0365/651668, campingromantica.com

GPS: 45.56739, 10.54950

Unter Ölbäumen und schattenreichen Laubbäumen liegt der Campingplatz Romantica direkt am See. Geplant und ausgerüstet wie eine moderne und rationelle Touristenstruktur, bietet er seinen Gästen einen 400 Meter langen, zum See sanft abfallenden Strand mit wunderbarer Aussicht, außerdem Einrichtungen wie Supermarkt, Bar, Pizzeria, Restaurant, Bojen und eine private Slipanlage.

CAMPING SAN BIAGIO

ADRESSE: Via Cavalle 19, Manerba del Garda, Tel. +39/0365/551549, campingsanbiagio.net

GPS: 45.56380, 10.56658

Seine einmalige Lage auf der Spitze einer Landzunge, von allen Seiten von Wasser umgeben, macht diesen Campingplatz zu einem aufregenden Urlaubserlebnis. Die vorgelagerte Insel San Biagio – im Volksmund Haseninsel genannt – ist manchmal je nach Wasserstand durch hüft- oder knietiefes Wasser zu Fuß erreichbar. Der Campingplatz verfügt über 161 Standplätze mit 220-V-Stromanschluss (16 A), Supermarkt, Bar, Restaurant, Pizzeria, Hafen, Boots-Anlegeplatz, Slipanlage und Bojen sowie sanitäre Einrichtungen mit Warmwasser.

SALÒ

Stadt mit Charme und voller Leben

Abendstimmung an der Uferpromenade Lungolago Zarnardelli in Salò

Salò liegt ganz reizend und geschützt vom 568 Meter hohen Monte San Bartolomeo an der gleichnamigen schmalen Bucht im Südwesten des Gardasees. Hier beginnt die traumhafte Riviera dei Limoni, die Zitronenriviera, die sich bis hinauf nach Limone im Norden erstreckt.

Von sich reden machte Salò im Laufe der letzten 100 Jahre vor allem durch zwei Ereignisse: die faschistische Repubblica di Salò von Mussolini und den berühmt-berüchtigten Skandalfilm »Salò oder die 120 Tage von Sodom« von Pier Paolo Pasolini. Beginnen wir mit dem ersten: Salò war von 1943–1945 Hauptstadt der Repubblica Sociale Italiana von Benito Mussolini unter der militärischen Protektion Deutschlands, ein faschistischer Marionettenstaat im vom Deutschen Reich besetzten Norditalien. In der im Jugendstil erbauten Villa Simonini, heute Hotel Laurin, war das Außenministerium untergebracht. Das Volkskultur-Ministerium quartierte sich in der Villa Amadei ein. Mussolini selbst schlug seine Residenz in der Villa Feltrinelli in Gargnano auf.
Der italienische Regisseur Pier Paolo Pasolini griff in seinem 1975 gedrehten Film »Salò oder die 120 Tage von Sodom« auf das Buch des Marquis de Sade zurück. Der Film spielt in der Repubblica di Salò. Vertreter des untergehenden Regimes halten teilweise gewaltsam entführte Jugendliche mit Waffengewalt gefangen und leben an ihnen hemmungslos ihre Triebe und ihre Macht aus. Mit seiner offenen Darstellung von Vergewaltigung, Folter und Mord ist der Film eines der umstrittensten Werke der Filmgeschichte, und der letzte in Pasolinis Schaffen vor seiner Ermordung 1975.

NOBEL UND ELEGANT

Lassen wir die Geschichte hinter uns. Nobel und elegant reihen sich schmucke Häuser, edle Hotels, gemütliche Cafés, kleine Boutiquen und einladende Restaurants entlang der Uferpromenade **Lungolago Zarnardelli**. Hier entlangzupromenieren ist immer wieder ein recht angenehmes und anregendes Unterfangen. Der Palazzo della Magnifica Patria und der durch einen hübschen Arkadengang verbundene Palazzo del Podestà, in beiden sind heute Gemeindeämter untergebracht, sind Zeugen der noblen Geschichte der Stadt. Als bedeutendste und größte Kirche der Spätgotik am Gardasee gilt der **Dom Santa Maria Annunziata** aus dem 15. Jahrhundert mit seinem beeindruckenden Marmorportal. Der dreischiffige Innenraum ist mit einer Vielzahl von wertvollen Kunstwerken ausgeschmückt, darunter ein gotisches Kruzifix aus dem Jahr 1449 von Hans von Ulm und das Gemälde des Heiligen Antonius von Padua vom Brescianer Renaissancemaler Romanino. Am Beginn der Fußgängerzone steht die Torre dell'Orologio, der Uhrenturm, mit dem ehemaligen Stadttor.

DER GUT SORTIERTE Spezialitätenladen Melchioretti ist in einer alten Drogerie von 1870, der einstigen Antica Salumeria Drogheria Girardi, untergebracht. Seit dem Jahr 1952 ist er im Besitz der Familie Melchioretti (Piazza Zanelli 11, Salò).

LAGO D'IDRO

Von Salò aus lohnt sich ein Abstecher zu einem anderen See: zum Lago d'Idro, dem wildesten unter den großen Seen der Lombardei. Wir starten in Salò und fahren durch das Valsabbia-Tal, den Fluss Chiese entlang, der beim Idrosee ins Valsabbia eintritt. Das gastfreundliche Tal bildet geografisch eine Einheit mit dem oberen Tal des Chiese, das bereits zum Trentino gehört. 368 Meter hoch liegt der Lago d'Idro, das höchstgelegene große Gewässer Norditaliens. Der See beginnt bei Idro und erstreckt sich zwölf Kilometer weit bis nach Ponte Caffaro im Norden, bei einer Breite bis zu zwei Kilometern und einer maximalen Tiefe von 122 Metern. Charakteristische, kleine Dörfer schmiegen sich an die Ufer, die zunehmend steiler und von dicht bewaldeten Felswänden eingerahmt werden.
Natürliche Schotterstrände und grüne Badewiesen ziehen sich rund um den See und öffnen viele Möglichkeiten zum Eintauchen ins kühle Nass. In den Nachmittagsstunden, wenn es angenehm heiß wird, meldet sich der »Ander« jeden Tag pünktlich zu Wort: ein konstanter Wind, der angenehm abkühlt und vor allem Seglern, Surfern und Kitesurfern viel Freude bereitet. Dank des ständigen Windes und der natürlichen Bewegung der Strömung im See gibt es keine Stechmücken am Lago d'Idro.
Nicht vergessen dürfen wir auch den Fischreichtum im See – er ist ein verlockendes Ziel für zahlreiche Angler. Barsche und Hechte, Aale, Karpfen mit Döbel und Ukelei tummeln sich zuhauf in den klaren Gewässern. Die Angellizenz erhalten Hobbyfischer problemlos für eine geringe Gebühr bei jedem beliebigen Postamt rund um den See.

◀ Einsames Bildstöckl am Idrosee ▶ Die Ortschaft Idro am Lago d'Idro

Von Viehzucht und Fischfang am Lago d'Idro lebten hier schon rätische Völker vor mehr als zwei Jahrtausenden. Dann kamen die Römer und hinterließen ihre Spuren. Später waren es die Venezianer, die das Bild der Dörfer rund um den See geprägt haben. Ein Beispiel dafür ist die **Rocca d'Anfo** oberhalb des gleichnamigen Fischerdorfes am Westufer. Im 15. Jahrhundert auf 50 Hektar Fläche erbaut und später von Napoleon erneuert, beherrschte die militärische Festung mit acht untereinander verbundenen und getarnten Wehranlagen auf verschiedenen Höhen in den Berg gebaut bis ins 20. Jahrhundert herauf die Verbindungsstraße zwischen Brescia und Trento. Giuseppe Garibaldi, der italienische Freiheitskämpfer und einer der populärsten Protagonisten der italienischen Einigungsbewegung zwischen 1820 und 1870, schlug hier während der Kämpfe von Monte Suello im Jahr 1866 sein Hauptquartier auf. Ein einzigartiges militärisches Bauwerk in Europa und das Aushängeschild für den Lago d'Idro.

Die Rocca d'Anfo oberhalb des gleichnamigen Fischerdorfes am Idrosee

RÖMISCHE GRABSÄULEN

Idro, der Hauptort am See, zeigt sich noch heute in mittelalterlichem Charme, mit alten Häusern, Laubengängen und Gärten, die bis zum See hinunterreichen. Charakteristische Orte, die ihre Atmosphäre als alte Fischerdörfer erhalten haben, sind auch Anfo, Lemprato und Crone. In **Lemprato** zeugen die Reste eines rätisch-römischen Dorfes und römische Grabsäulen am Seeufer von einer langen Besiedlungsgeschichte. Die Grabsäulen werden in der Pieve Vecchia, der Kirche Santa Maria ad Undas aus dem 13. Jahrhundert, aufbewahrt.

Am Nordende des Sees, in Ponte Caffaro, lohnt sich ein Besuch in der Chiesa San Giacomo, ein einst viel besuchtes und von Benediktinermönchen betreutes Pilgerziel, sowie im Ortsviertel San Giacomo, das in Teilen noch aus dem neunten Jahrhundert stammt. Und dann ist da in wenigen Kilometern Entfernung **Bagolino**, das mittelalterliche Gebirgsdorf mit seinem ganz besonderen Flair: mit hohen, aneinander gestützten Häusern, Freitreppen und Laubengängen, Unterführungen, Fresken an den Hauswänden und mit Porphyr gepflasterten Gassen. In der auf einer Anhöhe erbauten und bereits von Weitem sichtbaren Pfarrkirche San Giorgio aus dem 17. Jahrhundert werden einige Werke großen Meistern wie Tintoretto und Veronese zugesprochen.

MYSTERIÖSE KARNEVALSBRÄUCHE

Bagolino ist daneben vor allem für seinen bunten, ungewöhnlichen und etwas mysteriösen Karneval bekannt. Zigeunerklänge und bunte Kostüme erinnern hier im ehemaligen Grenzgebiet an die Einfälle der Ungarn in lang vergangenen Zeiten sowie an alte Faschingstraditionen aus Tirol und jenseits der Alpen.

DIE WANDERWEGE, DIE vom Lago d'Idro aus starten, sind meist eng und steil, aber das Panorama, das wir unterwegs genießen können, ist so faszinierend, dass es jede Mühe vergessen lässt. Hier einige Vorschläge:

- Der Wanderweg Cascate führt von Crone (370 Meter) bis zum Gipfel des Perlè (1031 Meter)
- Der Wanderweg Dosso Sassello verbindet die Dörfer Pieve Vecchia und Anfo.
- Der Wanderweg Contrabbandieri, der Schmugglerweg, führt an der nordöstlichen, wilderen Seite des Sees entlang und ist die einzige Verbindung zwischen den Dörfern Vesta und Baitoni.

Tipp

Der Idrosee bietet Tradition und Gastronomie mit typischen Gasthäusern und Restaurants und lokalen Produkten sowie Gerichten wie »Malfatti«, den hausgemachten Nudeln mit Käse, dem »Spiedo Bresciano«, Würstchen und Fleisch vom Grill, Wildfleisch, Barschfilets, gegrillten und gebackenen Forellen, Polenta mit Mehl aus Storo und dem berühmten autochthonen Bagoss-Käse aus den Almen oberhalb des Lago d'Idro.

◀ Die Zucchinipasta ist serviert. ▶ Im Feinkostladen von Enrico Orioli in Gavardo

AUF EINEN BLICK

Info

STADT: Salò
BESTE REISEZEIT: März–November
OPTIMALE REISEDAUER: 2–3 Tage
TOURISTINFO: Touristinfo Salò, Piazza San Antonio, Salò, Tel. +39/0365/21423, comune.salo.bs.it

SEHENSWÜRDIGKEITEN

DOM SANTA MARIA ANNUNZIATA: Die bedeutendste und größte Kirche der Spätgotik am Gardasee, aus dem 15. Jahrhundert. Piazza Duomo, Salò

CIVICO MUSEO ARCHEOLOGICO ANTON MARIA MUCCHI: Städtisches Archäologiemuseum mit interessanten Funden aus der Stadtgeschichte. Fondaco Palazzo Coen, Via Fantoni 49, Salò, Tel. +39/338/6482117, Mo–Fr 10–12 Uhr

MUSEO STORICO DEL NASTRO AZZURRO: Im Militärmuseum in der Nähe des Doms sind Zeugnisse aus der Zeit Napoleons und aus den beiden Weltkriegen zu sehen. Palazzo Fantoni, Via Fantoni 49, Salò, Tel. +39/0365/290765, museonastroazzurro.it

LAGO D'IDRO: Der wildeste unter den großen Seen der Lombardei.

ROCCA D'ANFO: Militärische Festung mit acht untereinander verbundenen und getarnten Wehranlagen.

Einladende Eisdiele und elegante Arkadenhalle am Lungolago in Salò

Im Paradiso Area Equipped Camper gibt es Platz für 25 Wohnmobile.

PARCHEGGIO PARADISO AREA EQUIPPED CAMPER

ADRESSE: Via Tavine, Salò, Tel. +39/0365/296801, comune.salo.bs.it
GPS: 45.59683, 10.52348
Gebührenpflichtiger Stellplatz für 25 Wohnmobile am Ortsrand von Salò. Der Stellplatz liegt auf einem Parkplatz. Teilweise unebener Platz. Geschotterter Untergrund. Zentrum zu Fuß erreichbar. Am Platz: Videoüberwachung, Stellplatz beleuchtet, Dusche, Strom, Wasser, Entsorgung Grauwasser, Entsorgung Chemie-WC, Hunde im Übernachtungspreis enthalten. In der Nähe: Kiesstrand mit Strandbars. Bezahlung: Parkscheinautomat. Ganzjährig nutzbar.

CAMPING FORNELLA

ADRESSE: Via Fornella 1, San Felice del Benaco, Tel. +39/0365/62294, fornella.it
GPS: 45.58496, 10.56600
Vier Brüder und drei Schwestern führen gemeinsam den Familiencampingplatz, den ihr Vater in den 1950er-Jahren eröffnet hat. Erstklassige Lage in einmaliger Landschaft. Zwei Pools, Spielplätze, eigener Strand mit Bootsverleih, tolles Restaurant und Supermarkt direkt am Platz.

GARDONE RIVIERA

Die Côte d'Azur des Gardasees

Die Torre San Marco in Gardone Riviera: Diskothek, Weinbar und Restaurant

15

Noblesse und Grandezza stehen für Gardone Riviera wie für keinen anderen Ort am Gardasee. Bereits in den Aufbruchsjahren Ende des 19. Jahrhunderts ist hier Europas Hautevolee auf Kur. Noch heute kann man dem Einfluss und der Stimmung der Belle Époque nachspüren.

Wer von Norden, von Riva del Garda, nach Gardone Riviera kommt, dem öffnet sich hier nach den vielen finsteren Tunnels der Gardesana Occidentale und dem schroffen Charakter der nördlicheren Westküste wahrhaft das erste wirkliche Stück Süden. Das liegt wohl auch an der anderen Luft mit ihren betörenden Düften und an den Farben, die hier noch eine Spur intensiver leuchten.

Gardone besteht aus zwei Zentren: dem noblen **Gardone Riviera** mit seinen herrlichen Palazzi, großen Villen und eleganten Grandhotels direkt am See und **Gardone Sopra**, dem Dorf oben am sanften Hang, dem eigentlichen Zentrum mit seiner etwas beschaulicheren, intim-familiären Atmosphäre. Fasano ist die älteste Ansiedlung von Gardone Riviera. Funde von Gedenksteinen aus der Römerzeit belegen das. Von 1426–1797 gehörte das kleine Bauern- und Fischerdorf zur Republik von Venedig. Nach dem Zweiten Unabhängigkeitskrieg wechselt es schließlich mit der gesamten Riviera erst zum Königreich Sardinien, dann zum Königreich Italien. In all diesen Jahrhunderten waren der Anbau von Oliven, die Leinenverarbeitung, der Fischfang und das Abholzen für die Kohlegewinnung die wichtigsten Einnahmequellen der lokalen Bevölkerung.

DIE EXKLUSIVSTE ECKE AM GARDASEE

Die moderne Geschichte von Gardone Riviera begann 1875 mit Luigi Wimmer. Der österreichische Ingenieur kam hierher, um sich von einer Krankheit zu erholen. Er verliebte sich in die Gegend und ihr mildes Klima und ließ sich hier nieder. Mit dem Bau eines ersten kleinen Hotels am Ufer des Sees ermöglichte er auch Bekannten und Freunden, die Schönheiten von Gardone kennenzulernen. Schon nach wenigen Jahren, 1884, wurde das kleine Hotel zum ersten **Grandhotel** am Gardasee: mit 300 Zimmern, Speisesaal, Konversations-, Lese- und Musiksaal, Spielhalle, Galerien mit Glaswänden, Bädern, Gärten mit tropischer Vegetation, beleuchtet und geheizt und mit dem neuesten Komfort der Zeit.

15

Das Grandhotel wurde in kürzester Zeit Ziel für Adelige und Intellektuelle aus ganz Europa. In den Ballsälen der Nobelhotels feierte die Belle Époque rauschende Feste und fantastische Maskenbälle. Nach einer längeren Unterbrechung durch die Kriegsunruhen gab es 1949 wieder einen neuen Aufschwung in der Tourismusgeschichte von Gardone Riviera. In der Cocktailbar des Grandhotels ruhte sich Winston Churchill nach dem Malen aus. Der Nobelkurort wurde wieder zum Ziel exklusiver Gäste.

Tipp

Auf der herrlichen Uferpromenade mit ihren Oleandern und Orangenbäumen herrscht den ganzen Tag über reges Treiben. Am Abend wird der beleuchtete Lungolago zu einem großen und faszinierenden Freiluftsalon. In den zahlreichen Caféhäusern und Bars spielt Livemusik.

DER WELTGARTEN VON HRUSKA UND HELLER

Direkt im Stadtzentrum liegt der Giardino Hruska, den der österreichische Allroundkünstler André Heller zu einem einladenden Weltgarten mit einer spannenden Symbiose aus Natur und Kultur weiterentwickelt hat. Kunst und Botanik, Kultur und Natur durchdringen sich gegenseitig und bilden ein einzigartiges Ambiente in einem Märchenwald und Zaubergarten.

Im Jahr 1910 pflanzte der österreichische Arzt und Botaniker Arthur Hruska in seiner Villa in Gardone Riviera seine ersten Pflanzen. Der Zahnarzt des letzten russischen Zaren hatte einen Traum: Einen botanischen Weltgarten mit Pflanzen aus aller Welt wollte er hier mitten in Gardone anlegen. Auf den 10 000 Quadratmetern seines Grundstücks rund um die venezianische Villa säte er Samen und pflanzte Blumen, Sträucher und Bäume aus allen Gegenden dieser Welt. Bis zu seinem Tod im Jahr 1971 entwickelte sich und wuchs der Garten ständig weiter. Dann wurde es ruhig um das kleine Paradies und Gras wuchs über Wege und Stege.

Das änderte sich erst im Jahr 1988. Der österreichische Allroundkünstler, Kulturmanager, Sänger und Dichter André Heller verliebte sich in das verwilderte Grundstück mit der teils verfallenen Villa. Er kaufte das Anwesen und hauchte mit viel Leidenschaft dem Garten und Park neues Leben ein. Aus dem »Giardino Botanico Arturo Hruska« wurde allmählich der »Garten Heller«. Und dieser wurde zum eigentlichen Zuhause des Künstlers.

Skulpturen und Kunstobjekte aus aller Welt bevölkern den Weltgarten.

OASE DER RUHE

»Dieser Park und die Gegend haben am meisten Ähnlichkeit mit dem, was ich mir unter einem gesegneten Ort vorstelle. Er ist ein Puzzle aus verschiedenen Weltgegenden, mit großer Anmut, Kraft und Sinnlichkeit«, freut sich André Heller. Künstliche Berge aus Dolomitgestein und Tuff, Feuchtgebiete mit kleinen Bachläufen und Wasserfällen, Teiche mit heiligen Koi-Karpfen, Brücken und Stege, Bambushaine und Riesenfarne, alpine Pflanzen und tropische Gewächse – in spannendem Miteinander vereint. Der Garten ist mit seinen über 2000 verschiedenen Pflanzenarten ein großes Puzzle aus den verschiedensten Gegenden der Welt. Indische und marokkanische Skulpturen und Kunstobjekte von Roy Lichtenstein, Keith Haring und Mimmo Paladio bevölkern den Weltgarten und machen ihn zu einem wahren Märchenwald und Zaubergarten.

JEDEN SAMSTAG VON Juni bis September findet von 16–23 Uhr auf der Seepromenade ein Antiquitätenmarkt statt. Der Wochenmarkt von Gardone Riviera ist jeden Freitag auf dem Parkplatz beim Giardino Botanico.

Die Stanza della Cheli im Museumskomplex Vittoriale degli italiani in Gardone Riviera

VITTORIALE DEGLI ITALIANI

Gabriele d'Annunzio, der exzentrische italienische Nationaldichter, ist gleichermaßen berühmt und umstritten. Seiner Wahlheimat – er lebte von 1921 bis zu seinem Tod im Jahr 1938 in Gardone – hinterließ er sein pompöses und bombastisches Monument.

Unter dem Einfluss insbesondere von Friedrich Nietzsche, Arthur Schopenhauer und Richard Wagner widmete sich d'Annunzio sowohl in seinen Romanen – etwa in seinem Werk »Il Piacere, Die Lust« aus dem Jahr 1889 –, seinen Dramen als auch in seinem lyrischen Werk der Sinneslust und der Idee des »Übermenschen«. In wortgewaltiger Sprache brachte er darin seine Empfindungen zum Ausdruck.

Gabriele d'Annunzio traf im Februar 1921 in Gardone Riviera ein und mietete sich für ein Jahr in die Villa Cargnacco ein. Der junge Architekt Gian Carlo Maroni begann mit dem Umbau der Villa und in den Jahren bis 1938 dann auch mit der Verwirklichung der exzentrischen Wünsche des Dichters in seinem **Siegesdenkmal**. D'Annunzio starb am 1. März 1938 in seiner Villa, die bereits vorher durch die Regierung zur nationalen Gedenkstätte erklärt worden war, und wurde in seiner repräsentativ ausgebauten Grabstätte aus weißem Marmor bestattet.

15

MONUMENTAL UND EXZENTRISCH

Der 800 Meter lange Viale del Vittoriale führt hinauf zum neun Hektar großen Museumskomplex mit Villa, Park und Mausoleum. Das Gelände umfasst heute neben dem Wohnhaus d'Annunzios, der »Priora«, Parks und Gärten, ein Freilichttheater und das Mausoleum. Im Auditorium sind ein Flugzeug vom Typ SVA 10 ausgestellt, mit dem d'Annunzio 1918 seinen berühmten Flug über Wien unternahm, der Kreuzer Puglia, ein Geschenk der italienischen Marine, ein U-Bootjäger MAS 96 und verschiedene Oldtimer wie ein Isotta Fraschini und ein Fiat Typ 4. Das Museum in der Prioria gibt Einsicht in das exzentrische Leben des Dichters – mit Sammlungen wertvoller Gegenstände und viel Kitsch sowie banalen Erinnerungsstücken aus dem Leben des Dichters. Zentraler Punkt aber ist das monumentale **Mausoleum** mit dem Grab des Dichters.
Der Außenbereich des Museumskomplexes kann täglich besucht werden, das Wohnhaus des Dichters, das Museum d'Annunzio Eroe und das Museum d'Annunzio Segreto mit einem geführten Rundgang.

IN DER TORRE San Marco, einer Diskothek und Weinbar, gilt das Motto sehen und gesehen werden! Unterhaltung und Erlebnis sind garantiert. Im ersten Stock des Turms gibt es zudem ein Restaurant, das von Ende Mai bis zum Ende des Sommers geöffnet ist (Corso Zanardelli 132, Gardone Riviera, Tel. +39/0365/20158, torresanmarco.it).

Flugzeug vom Typ SVA 10 und Stanza dell'Aurora im Museo d'Annunzio Eroe

AUF EINEN BLICK

Info

STADT: Gardone Riviera
BESTE REISEZEIT: März–November
OPTIMALE REISEDAUER: 2–3 Tage
TOURISTINFO: Touristinfo Gardone Riviera, Corso Repubblica 8, Gardone Riviera, Tel. +39/0365/20347, lago-di-garda-tourism.com

SEHENSWÜRDIGKEITEN

FONDAZIONE ANDRÉ HELLER: Via Roma 2, Gardone Riviera, Tel.+39/336/410877, hellergarden.com, März–Okt. tgl. 9–19 Uhr

VILLA ALBA: Die Villa Alba wurde für Kaiser Franz Josef im spätklassizistischen Stil erbaut. Sie dient heute als Kongresszentrum. Corso Zanardelli 153, Gardone Riviera, Tel. +39/0365/20158, villaalbagardone.it

KIRCHE SAN NICOLA: Barockkirche mit reichlich Schmuck und Fresken gegenüber dem Vittoriale. Piazza del Caduti 26, Gardone Riviera

GRAND HOTEL GARDONE RIVIERA:1884 von Luigi Wimmer als erstes Grandhotel am Gardasee erbaut – mit allem Luxus, viel Flair und Geschichte. Via Zanardelli 84, Gardone Riviera, Tel. +39/0365/20261, grangardone.it

FONDAZIONE IL VITTORIALE DEGLI ITALIANI: Vittoriale (Außenanlage), Museum d'Annunzio Segreto, Prioria (d'Annunzios Wohnhaus) und Museo d'Annunzio Eroe. Via Vittoriale 12, Gardone Riviera, Tel. +39/0365/296511, vittoriale.it

◀ Lungolago mit Grand Hotel Gardone Riviera ▶ Gardone Riviera vom See aus

Campingplatz Mos mit geräumigen Stellplätzen direkt am See

CHIESETTA SAN MICHELE: Ein 45-minütiger Fußmarsch bringt uns zum kleinen Kirchlein San Michele in einer herrlichen Panoramalage oberhalb von Gardone. Via Panoramica 26, Gardone Riviera
TORRE SAN MARCO: Ein bezaubernder und romantischer Ort, voller Geschichte und Charme. Der Turm beherbergt im Erdgeschoss eine große Pianobar, ein elegantes Restaurant im ersten Stock und hat einen fantastischen Garten. Corso Zanardelli 132, Gardone Riviera, Tel. +39/0365/20158, torresanmarco.it

CAMPING MOS

ADRESSE: Via Fornella 7, San Felice del Benaco, Tel. +39/0365/62391, gardacampingmos.it
GPS: 45.58391, 10.56418
Ein ruhiger Campingplatz am Gardasee mit vielen Stellplätzen direkt am See, privatem Steg als Anlegestelle und einer Slipanlage für kleine Boote. Direkt am See gelegene Stellplätze bieten einen direkten Blick auf den Gardasee und sind mit einer 6-Ampere-Steckdose ausgestattet. Das Gelände ist flach. Die Toiletten und Waschräume sind ganz einfach über einen sehr kurzen beleuchteten Weg zu jeder Tages- und Nachtzeit bequem zu erreichen.

MADERNO & TOSCOLANO

Adriastrände am Gardasee

Umgeben von viel Grün: noble Villen in Toscolano-Maderno

16

Maderno und Toscolano sind bis 1928 zwei durch den Wildbach Toscolano getrennte Gemeinden. Der Fluss Toscolano trennt die zwei Ortschaften zwar nach wie vor, politisch bilden sie aber seit über acht Jahrzehnten eine Einheit in einer Doppelgemeinde.

Maderno liegt an einer halbrunden Bucht mitten in einer fabelhaften Landschaft. Mit seinen langen Stränden, die an die Adriastrände erinnern, ist es das touristische Zentrum der Gemeinde. Das besondere Mikroklima der Gegend ähnelt dem Mittelmeerklima. Schmucke Villen und Parks sowie zahlreiche Hotels reihen sich entlang der hübschen, wenn auch etwas schmalen Strandpromenade an der Riviera Bresciana. Umrahmt wird die Bucht vom Monte Pizzocolo (1582 Meter) und dem Monte Castello di Gaino (866 Meter). Aufgrund seiner Lage bildet Maderno gemeinsam mit Toscolano den geografischen Mittelpunkt der Westseite des Gardasees. Hier setzt auch die **Autofähre** ans Ostufer über.
Maderno war schon im Mittelalter eine Ortschaft mit großer politischer und verwaltungsmäßiger Bedeutung und mit eindeutiger Berufung zum Fremdenverkehr. Von 1330–1377 war Maderno Hauptort und Verwaltungssitz der Riviera Bresciana. Im 17. und 18. Jahrhundert schlugen die Herzöge von Mantua ihre Sommerresidenz im Palazzo Gonzaga und in der Villa del Serraglio auf.

KUNSTGENUSS UND FERIENSPASS

Die Altstadt von Maderno präsentiert sich besonders einladend. Die große Pfarrkirche **Sant'Ercolano** steht an der Uferstraße. Ihr Turm ist Teil der mittelalterlichen Hafenbefestigung. Das bedeutendste Kunstwerk in Maderno befindet sich direkt am Hauptplatz: die romanische Kirche **Sant'Andrea** aus dem zwölften Jahrhundert mit ihrem kunstvoll ausgestatteten dreischiffigen Innenraum mit bedeutenden Fresken aus der Renaissance. Mit kunstvollen Skulpturen verziert ist auch das Portal. Und dann ist da noch die sehenswerte **Villa Lucia** mit ihrer mit Fresken verzierten Fassade und ihrer eleganten Freitreppe.
Der Fluss Toscolano hat am Seeufer eine breite Schwemmlandebene gebildet. Umgeben von viel Grün befinden sich dort moderne Wohnsiedlungen, einige Campingplätze und der Hauptstrand von Maderno. Hier

16

finden wir ideale Plätze zum Segeln und Fischen und für alle möglichen Wassersportarten. Ein Ausflug mit dem Boot wird hier zum besonderen Erlebnis. Und mit der herrlichen Bergwelt im Rücken bieten sich auch alle erdenklichen Wandermöglichkeiten und Radtouren an. Nicht zu vergessen: »Maderno by night«. In den lauen Sommernächten laden zahlreiche Konzerte und Unterhaltungsprogramme auf die Uferpromenade – zum Flirten, Tanzen und Feiern durch die ganze Nacht.

DER BOTANISCHE GARTEN GHIRARDI – er wird von der Universität Mailand wissenschaftlich betreut – lädt zu einem erholsamen und lehrreichen Spaziergang. Hier wachsen über 600 Medizinalpflanzen aus aller Welt. Freier Eintritt (Orto Botanico, Via Religione, Maderno, Tel. +39/0365/641246, ortobotanicoitalia.it).

TOSCOLANO

Toscolano liegt an der nördlichen Seite des gleichnamigen Flusses und bildet die zweite Hälfte der Großgemeinde Toscolano-Maderno. Während Maderno seinen Schwerpunkt auf den Fremdenverkehr legt, steht in Toscolano das Handwerk und vor allem das Papier im Mittelpunkt.
Toscolano war bereits im Mittelalter für seine Papierindustrie und Buchdruckerei bekannt. Schon im 14. Jahrhundert hatten mehrere Papiermühlen hier ihren Sitz. Das Wasser des Toscolano-Wildbaches, das durch eine tiefe Schlucht vom 1582 Meter hohen Monte Pizzocolo herabstürzt, trieb

Denkmal und Bootshafen in der Großgemeinde Toscolano-Maderno

Treffpunkt für Einheimische und Gäste: Strand Lido in Toscolano-Maderno

die Papiermühlen an. Heute wird der Fluss im hoch über dem Gardasee liegenden Lago di Valvestino gestaut und hat dadurch seine reißende Kraft verloren.

Bereits um 1350 trieb der Wildbach Stampfwerke an, die die Republik Venedig mit Papier belieferten. Zur Aufweichung und Zersetzung von Hadern und später von Baumwolle wurde Wasser als Energiequelle benötigt. Bis Mitte des 19. Jahrhunderts bildeten in Europa Hadern aus Leinen, Hanf oder Baumwolle den einzig verfügbaren Faserrohstoff bei der Herstellung von Papier, dem sogenannten Hadernpapier. Umherziehende Lumpensammler sammelten und kauften als fahrendes Volk die Textilien und veräußerten sie an Papiermühlen. Noch heute werden Hadern vor allem für die Fertigung hochwertiger, alterungsbeständiger und fester Papiere, an die besondere Ansprüche gestellt werden, verwendet.

PAPIERMÜHLEN UND BUCHDRUCKEREIEN

Das Papier aus Toscolano ging schließlich nicht mehr nur nach Venedig, sondern gelangte bis nach Konstantinopel und Alexandrien. Im 15. Jahrhundert entstanden im Sog der Papiermühlen die ersten Druckereien in Toscolano. 1478 kam der berühmte Buchdrucker Gabriele di Pietro aus Treviso auf Einladung der Dominikanermönche nach Toscolano. Diese betrieben in der Fraktion Religione eine eigene Papiermühle und erweiterten diese um eine Buchdruckerei. Martin Luther benutzte eine in Toscolano gedruckte lateinische Bibel.

Historische Bootsprozession der Fischer in Toscolano-Maderno

Mit dem Aufkommen der Elektroenergie im 19. Jahrhundert ging es mit der blühenden Papierherstellung in der Valle delle Cartiere, die Generationen von Einheimischen ein sicheres Einkommen verschafft hatte, langsam abwärts. Als letzte Papiermühle im Tal schloss jene der Familie Maffizzoli im Jahr 1906. Die Fabrik wurde als einzige direkt am See neu aufgebaut und beliefert noch heute als Cartiere di Toscolano Burgo ganz Europa mit Papier.

Gleich neben der Papierfabrik finden wir die Überreste der römischen **Villa Nonii Arrii** aus dem zweiten Jahrhundert. Nur wenig entfernt steht die Pfarrkirche **San Pietro e Paolo** aus dem 16. Jahrhundert. Sie ist wegen ihrer großflächigen Wandmalereien von Andrea Celesti sehenswert.

DAS RISTORANTE IL Cortiletto ist ein nettes Lokal in Hafennähe, mit kleinem Gastgarten (Via Fratelli Bianchi 1, Toscolano, Tel. +39/0365/540033, ristoranteilcortiletto.com). Die Spezialität des Hauses der ländlichen Osteria Ai Cantagai sind Corregone aus dem See in Salzmantel (Via del Sarto, Toscolano Maderno, Tel. +39/0365/641785).

VALLE DELLE CARTIERE

Im urigen und wildromantischen Papiermühlental Valle delle Cartiere längs des Gebirgsbaches Toscolano besuchen wir auf dem gut ausgebauten **Wanderweg** durch die Schlucht die zahlreichen Überreste der historischen Papiermühlen aus dem Mittelalter und lassen uns auf die spannende Geschichte der Papierherstellung ein. Von Efeu überwucherte Gebäude, rostende Tore, zerbröckelnde Kamine zwischen Zypressen, Erlen und Kirschbäumen – die Überbleibsel aus längst vergangenen Zeiten üben einen ganz speziellen Reiz aus.

Startpunkt für die Wanderung durch das Papiermühlental ist der Taleingang hinter dem **Rathaus** von Toscolano, direkt an der Gardesana. Wir spazieren auf dem gut ausgeschilderten Weg dem Fluss folgend hinein in die dicht bewachsene Schlucht. Gleich zu Beginn begrüßt uns ein Wasserfall mit seinem Brausen. Nun müssen wir durch einige alte Tunnels. Bis zum kleinen Parkplatz kann man auch mit dem Auto fahren. Dann geht es aber endgültig nur mehr zu Fuß oder mit dem Fahrrad weiter.
Das Tal beeindruckt durch die reizvolle Gegenüberstellung von alten Industriebauten und einer einzigartigen Naturlandschaft. Diese Kombination macht die Valle delle Cartiere zu einem der interessantesten und größten Freilichtmuseen Italiens und Europas. Die Ruinen der alten Papiermühlen begleiten uns auf dem Weg entlang der steilen Schlucht bis zur Papiermühle Maina Inferiore, in der das sehenswerte Papiermuseum **Museo della Carta** untergebracht ist. Hier durchlaufen wir in einem ansprechenden Rundgang die einzelnen Etappen der Papierherstellung im Tal, von ihren Ursprüngen um 1380 bis ins 20. Jahrhundert. Hinzu gesellen sich archäologische Funde aus dem Tal sowie eine wertvolle Büchersammlung aus der Produktion der berühmten Buchdruckerfamilie Paganini aus dem 16. Jahrhundert.

◀ Im Tal der Papiermühlen ▶ Der Fluss Toscolano schlängelt sich durch das Tal.

AUF EINEN BLICK

Info

STÄDTE: Maderno, Toscolano
BESTE REISEZEIT: März–November
OPTIMALE REISEDAUER: 2–3 Tage
TOURISTINFO: Touristinfo Maderno, Via Trento 5, Maderno, Tel.+39/0365/644298, prolocotoscolanomaderno.com

SEHENSWÜRDIGKEITEN

CHIESA SANT'ERCOLANO/CHIESA PARROCHIALE DI MADERNO: Pfarrkirche von Maderno an der Uferstraße. Via Fratelli Bianchi 3, Maderno, Tel. +39/0365/64154

CHIESA SANT'ANDREA: Romanische Kirche aus dem zwölften Jahrhundert mit kunstvoll ausgestattetem dreischiffigen Innenraum mit bedeutenden Fresken aus der Renaissance. Piazza San Marco 16, Maderno, Tel. +39/0365/641336

CHIESA SAN PIETRO E PAOLO: Pfarrkirche aus dem 16. Jahrhundert mit zahlreichen Bildern des venezianischen Malers Andrea Celesti (1637–1712). Via del Orto, Toscolano, Tel. +39/0365/641378

VALLE DELLE CARTIERE: valledellecartiere.it

RÖMERVILLA NONII ARRII: Überreste der römischen Villa Nonii Arrii aus dem zweiten Jahrhundert mit zwei Tempelanlagen und wertvollen Mosaikböden und Wandmalereien neben der Papierfabrik Cartiere di Toscolano Burgo am See.

WALLFAHRTSKIRCHE SANTA MARIA DEL BENACO: Herrliche Fresken aus dem 15. Jahrhundert. Via Statale Toscolano 9, Maderno

MUSEO DELLA CARTA DI TOSCOLANO MADERNO: Das Museum bietet Führungen und didaktische Werkstätten zur Geschichte der Papierherstellung an und organisiert Kulturveranstaltungen und Ausstellungen. Geöffnet von April–Sept., im Okt. nur an den Wochenenden. Via Valle delle Cartiere, Toscolano, Tel. +39/0365/641050, valledellecartiere.it

ECO-MUSEO: Ein einzigartiges Freilichtmuseum entlang der Valle delle Cantiere mit Hinweistafeln auf Besonderheiten in der Natur und auf die Industriegeschichte des Tales. www.ecomuseovalledellecartiere.it

◀ Freskenzyklus in Sant'Andrea Apostolo ▶ Der Campingplatz Promontorio

CAMPING PROMONTORIO

ADRESSE: Via Promontorio 73, Maderno, Tel. +39/0365/541540, campingpromontorio.it

GPS: 45.63374, 10.61289

Der Campingplatz Promontorio wurde in den 1950er-Jahren als erster Campingplatz in Toscolano-Maderno gegründet. Sein Wahrzeichen ist eine Riesenzitrone, die ursprünglich als Rezeption fungierte und heute am Eingang des Campingplatzes steht. Er verfügt über 90 Stellplätze von unterschiedlicher Größe und ist in zwei Bereiche aufgeteilt; der nördlichere Bereich steht für die Liebhaber Schatten spendender, schöner alter Bäume, während im südlichen Bereich Sonnenanbeter voll auf ihre Kosten kommen. Der schönste und breiteste Strand von Toscolano-Maderno liegt nur einen Katzensprung vom Campingplatz entfernt.

CAMPING RIVIERA

ADRESSE: Via Promontorio 59, 25088 Maderno, Tel. +39/0365/643039, camping-riviera.com

GPS: 45.63478, 10.61284

Der Campingplatz Riviera liegt in einer wunderschönen Lage direkt am See, in einer ruhigen und grünen Umgebung. Das Dorfzentrum ist über die neue Promenade entlang des Sees direkt vom Zeltplatz aus in wenigen Minuten erreichbar. Er verfügt über Minimarkt, Bar, Pizzeria, Spielhalle, Strandkiosk, Autowaschplatz, Waschmaschine, Schwimmbad und kostenloses Wifi.

GARGNANO

Dolce far niente

Das einladende Zentrum von Gargnano liegt ruhig und verträumt direkt am See.

17

Die verträumte Gemeinde Gargnano besteht aus 13 kleinen Ortschaften, die sich zwischen Palmen und Zedern, Zitronenbäumen und Gewächshäusern an die steilen Berghänge oberhalb des Gardasees schmiegen. Direkt am See liegen nur der schmucke Hauptort Gargnano, Bogliaco und Villa.

Mitten in alten Olivenhainen liegen die Ortsteile Villavetro, Fornico und Zuino. Auf ungefähr 500 Metern Höhe befinden sich Liano, Formaga, Navazzo, Sasso und Musaga, etwas weiter entfernt über dem Gardasee Muslone und schließlich Costa mitten im Grünen und 18 Kilometer vom Hauptort entfernt. Gargnano selbst liegt fast genau in der Mitte vom Westufer des Gardasees. Bis nach Riva im Norden und nach Desenzano im Süden ist es von hier aus ungefähr gleich weit.
Der einladend ruhige Hauptort mit seinen verwinkelten Gassen und bunten Häusern liegt ruhig und verträumt direkt am See. Den Mittelpunkt bildet der kleine, idyllische **Hafen** mit seinem Marktplatz und den Bootsanlegeplätzen. An den wenigen Tischen direkt am Wasser schmecken ein gutes Glas Weißwein und einige Oliven zum vormittäglichen Aperitivo einfach herrlich. Die ganze Atmosphäre ist hier in Gargnano noch eine Spur bunter, heller, friedlicher, ungezwungener und wohl auch fröhlicher als an manch anderen Orten rund um den See.
Die Touristenströme nehmen erst seit einigen Jahren zu. Auffallend viele junge Gäste wählen das etwas andere Gargnano als Urlaubsziel. Das milde und temperierte Klima, die kulturelle und enogastronomische Tradition sowie die vielfältigen Freizeitangebote sind ideale Voraussetzungen für einen besonderen Urlaub. Und dann sind da noch die Segler, die hier auf eine lange Tradition stoßen.

HERRLICHE PALAZZI IN BUNTEN FARBEN

Die hübsche Uferpromenade zählt zwar nicht zu den längsten am See, wohl aber zu den idyllischsten – mit mehreren kleinen Restaurants und gemütlichen Kneipen. Überhaupt wird in Gargnano viel Wert auf kulinarische Traditionen und gastronomische Kultur gelegt. Eines der besten Restaurants am Gardasee, das Sternelokal **La Tortuga**, liegt gleich um die Ecke, zwei Schritte vom Hafen entfernt. Was Maria und Orietta Filippini hier auf den Tisch zaubern, zieht Feinschmecker aus aller Welt nach Gargnano. Und das zweite Sternerestaurant von Gargnano in der Villa Feltrinelli ist nur wenige Hundert Meter weit entfernt.

Prächtige Villen und Paläste sowie intim gestaltete Parkanlagen prägen das Ortsbild. Etwa der restaurierte Palazzo Feltrinelli, während der Zeit der faschistischen Repubblica di Salò zwischen 1943 und 1945 Benito Mussolinis Staatskanzlei. Heute ist hier eine Außenstelle der Universität Mailand untergebracht, die im Sommer Italienisch-Sprachkurse für Studenten aus aller Welt anbietet. Einige hundert Meter weiter nördlich liegt die Villa Feltrinelli, Mussolinis Residenz in jenen Jahren. Die prachtvolle, neugotische Villa wurde zwischen 1892 und 1899 erbaut und liegt mitten in einem herrlichen Park direkt am See. In den Mauern einiger Palazzi rund um das Hafenbecken stecken heute noch Reste von Kanonenkugeln – abgefeuert im Jahr 1866 von österreichischen Kriegsschiffen.

BOGLIACO – PALAZZO BETTONI

Auf der Strecke zwischen Toscolano und Gargnano fährt man durch Bogliaco – und fast daran vorbei. Wäre da nicht dieser mächtige, großartige Palazzo Bettoni, der sich plötzlich links und rechts von der Straße erhebt und einen sofort in Beschlag nimmt.

◀ Auf der Uferpromenade von Gargnano ▶ Frische Fischgerichte im Restaurant Lido

Einer der schönsten Plätze der Lombardei: die Gärten des Palazzo Bettoni

Die Villa wurde zu Beginn des 18. Jahrhunderts im Auftrag von Graf Giandomenico Bettoni Cazzago vom Architekten Adriano Cristofori erbaut. Das imposante Zentralgebäude des großen Palastes wird von einer Balustrade mit mythologischen Figuren von Giovanni Battista Locatelli geschmückt. Ein großer Salon teilt in der Mitte des Gebäudes die beiden Flügel der Villa, die mit Fresken und Gemälden von Andrea Celesti, Beniamino und Fabrizio Galliari ausgeschmückt sind und eine wahre Pinakothek der Barockmalerei bilden.

Die Villa ist heute Sommerwohnsitz und offizieller Sitz des gesamten Betriebskonzerns der Familie. Die aus dem oberen Garda-Brescia-Gebiet stammenden Grafen Bettoni Cazzago waren einst Großgrundbesitzer ausgedehnter Oliven- und Zitronenplantagen. Heute zählen der Weinbau in der Franciacorta sowie die Produktion von Olivenöl aus den 100-jährigen Olivenhainen von Bogliaco zu den landwirtschaftlichen Erwerbszweigen.

EINER DER SCHÖNSTEN PLÄTZE DER LOMBARDEI

Links von der Straße auf der Landseite, und durch den Bau der Gardesana von der Villa getrennt, erstreckt sich das Gegenstück zum Gebäude: ein herrlicher italienischer Garten. Der toskanische Gartenbauarchitekt Amerigo Vincenzo Pierallini gestaltet zwischen 1764 und 1767 den wunderschön angelegten Garten mit seiner großen Exedra, einem Nymphäum und terrassenförmig angelegten Beeten, einen der »schönsten Plätze der ganzen Lombardei«. Von der Straße aus ist die ausladende Treppenanlage mit zahlreichen Skulpturen gut zu sehen. Hinter der Gartenanlage liegen die Gewächshäuser für Zitronenbäume und der Park. Schade,

Prächtige Villen, hier die Villa Feltrinelli, prägen das Ortsbild von Gargnano.

dass der Zugang zum Park nur in Ausnahmefällen gewährt wird. Einen solchen gibt es aber mindestens einmal jährlich: Jeden Frühling wird in den Barockgärten der Villa Bettoni **»Il Giardino di Delizia«** veranstaltet.

WER SEINEN URLAUB am Gardasee mit Golfspielen verbringt, der muss einen Abstecher hierher machen. Golfspieler sind sich nämlich einig: Im Bogliaco Golf Resort erlebt man den Gardasee von seiner schönsten Seite (Bogliaco Golf Resort, Via del Golf 21, Toscolano Maderno, Tel. +39/0365/643006, golfbogliaco.com).

IN SASSO – DEM kleinen Bergdorf in Richtung Lago di Valvestino – biegen wir beim überdachten Waschbrunnen am Ortsende links ab, wandern zunächst eben an kleinen Gemüse- und Weinfeldern entlang und steigen dann durch üppigen Wald steil an. Den See eindrucksvoll im Blickfeld, schmiegt sich die kleine Pestkapelle San Valentino auf etwa 770 Metern Höhe in eine überhängende Felswand. Der Fußmarsch dauert etwa 45 Minuten. Der Weg ist rot-weiß und mit blauen Pfeilen markiert und etwas steil und felsig.

17

TIGNALE - LUFTKURORT MIT TRAUMAUSSICHT

Tignale ist ein Zusammenschluss von sechs Dörfern, die verstreut auf der einmalig urigen Hochebene über dem westlichen Gardasee zwischen Gargnano und Limone liegen. Neben dem Hauptort Gardola gehören noch die fünf Ortsteile Piovere, Oldesio, Aer, Olzano und Prabione zur Gemeinde. Im sauber herausgeputzten Gardola stammen einige Häuser noch aus dem Mittelalter und besitzen schöne Steinportale. In der Via Castello und der Via Campanello finden wir noch Spuren des alten Dorfkerns. Piovere mit seinem reizvollen Dorfzentrum ist Ausgangspunkt für zahlreiche Wanderungen. Die Ruhe und die frische Luft genießen, entspannen und Energie auftanken - die Berge im Rücken und den Gardasee zu Füßen. Tignale lädt mit seiner unberührten Berglandschaft Aktivurlauber zu Spaziergängen, ausgedehnten Wanderungen oder herrlichen Mountainbiketouren ein.

WALLFAHRTSKIRCHE MADONNA DI MONTECASTELLO

Eine der bekanntesten und spektakulärsten Sehenswürdigkeiten von Tignale ist die Wallfahrtskirche Madonna di Montecastello. Die Wallfahrtskirche aus dem 17. Jahrhundert thront in atemberaubender Lage auf einem

◀ Straßenidylle im historischen Zentrum von Gargnano ▶ Madonna di Montecastello

Kreuzgang im Kloster San Francesco am südlichen Ortseingang von Gargnano

steilen Felsvorsprung, der fast senkrecht zum See abfällt – 700 Meter über dem Gardasee. Erbaut auf den Resten eines antiken Heiligtums und der späteren Skaligerburg bewahrt sie noch heute einen Altarraum aus dem Jahr 800 nach Christus. Zu bewundern ist ein Fresko aus der Giotto-Schule. Der Wallfahrtsort ist über einen kurzen, aber steilen Pilgerweg zu erreichen. Zur Belohnung gibt es eine Traumsicht auf den See und auf den Monte Baldo am gegenüberliegenden Ufer. Hinter der Kirche befindet sich ein Kloster. Von dort führt ein Weg zum Gipfelkreuz.

INNERHALB DES NATIONALPARKS Alto Garda Bresciano lädt ein Naturerlebnispfad in Prabione di Tignale auf einen innovativen Lern- und Beobachtungsparcours mit mehreren ansprechenden Stationen, etwa dem Garten der Fünf Sinne, einer Sammlung alter Obstbäume und antiker Früchte oder der wichtigsten Baumarten, die im Naturpark wachsen. Bei einem Spaziergang durch den Wald können wir die Spuren der einheimischen Tierwelt verfolgen, den Steingarten bewundern oder auf den Aussichtsturm klettern und den Park aus der Vogelperspektive beobachten. Ein attraktiver Erlebnispfad für Groß und Klein!

DIE KÄSEREI CASEIFICIO artigianale Bignotti direkt am See im Zentrum von Gargnano bietet Ziegen- und Rohmilchkäse sowie Wurst- und Fleischwaren an (Via Roma, Gargnano, Tel. +39/0365/71220, fratellibignotti.it). Olivenöl, Honig und biologische Fruchtaufstriche aus Zitrusfrüchten erhält man in der Latteria Turnaria (Via Manzoni 1, Tignale, Tel. +39/0365/73471, latteriaturnaria.it).

AUF EINEN BLICK

Info

STADT: Gargnano
BESTE REISEZEIT: März-November
OPTIMALE REISEDAUER: 2-3 Tage
TOURISTINFO: Touristinfo Gargnano, Via Angelo Feltrinelli 7, Gargnano, Tel. +39/0365/72082 und Via Roma 45, Gargnano, Tel. +39/0365/042100, thisisgargnano.it

SEHENSWÜRDIGKEITEN

SAN FRANCESCO: Kloster am südlichen Ortseingang mit gut erhaltenem Kreuzgang aus dem 13. Jahrhundert. Via Roma 47, Gargnano
SAN MARTINO: Die monumentale Pfarrkirche im Stil des italienischen Historismus mit einem großen ovalen Innenraum ist dem Heiligen Martin geweiht. Via Don Primo Adami 46, Gargnano
PESTKAPELLE SAN VALENTINO: Oberhalb des kleinen Weilers Sasso auf 770 Metern Höhe mitten im Wald gelegene Kapelle.
PALAZZO BETTONI: Großartige Villa aus den Anfängen des 18. Jahrhunderts in Bogliaco. Via della Libertà, Gargnano
WALLFAHRTSKIRCHE MADONNA DI MONTECASTELLO: Die Kirche aus dem 17. Jahrhundert thront in atemberaubender Lage auf einem steilen Felsvorsprung, der fast senkrecht zum See abfällt.

CAMPING GIGLIO

ADRESSE: Via A. Feltrinelli 163, Navazzo Gargnano, Tel. +39/339/8591366
GPS: 45.68706, 10.64010
Der kleine Campingplatz liegt im Dorf Navazzo auf 800 Metern in den Bergen, acht Kilometer von Gargnano entfernt. Er bietet ein einzigartiges Panorama. Die Stellplätze sind 66 Quadratmeter groß und mit Wasser und Strom ausgestattet. Es gibt ein modernes Toilettengebäude mit sanitären Anlagen und Waschmaschinen, eine Bar, ein Restaurant und einen kleinen Supermarkt.

Bunter Wegweiser zum Riviera Camping

TREMOSINE SUL GARDA

Mediterran-alpiner Charme

Herrlicher Weitblick über den Gardasee von Tremosine aus

18

Tremosine zählt zu den »borghi più belli d'Italia«, den schönsten Weilern Italiens. Und das zu Recht. 400 Meter über dem Gardasee öffnet sich eine Landschaft, die ihresgleichen sucht. Eine jahrtausendealte Geschichte verbindet sich mit herzlicher Ursprünglichkeit und unverfälschter Gastfreundschaft.

18 verstreute Ortsteile mit insgesamt knapp über 2000 Einwohnern bilden die Gemeinde Tremosine. Einzig und allein Campione liegt unten, direkt am See. Alle anderen kleinen Weiler verteilen sich auf dem Hochplateau mit seinem unverwechselbaren mediterran-alpinen Charme. Der Hauptort Pieve klebt wie ein Adlernest über den steilen Felswänden – mit atemberaubender Aussicht, versteht sich.

Schon Karl August Ritter von Heigel (1835–1905), bayerischer Dramatiker und Erzähler, war von diesem Anblick fasziniert und beschrieb 1899 in seinem Roman »Am blauen Gardasee« seine Ankunft in Tremosine sehr eindrucksvoll: »In der Bucht von Tremosine hielt der Dampfer. Auf einem schmalen Uferstreifen stehen ein paar armselige Gebäude. Eine Barke stößt vom Gestade und holt einige Vorderdeckpassagiere ab: eine Landfrau mit einem halben Dutzend Tragkörben, ein paar Bauern in olivengrünem Drillich und einen hageren alten Geistlichen in abgetragener Soutane. Wo wollen diese Leute hin? Hüben und drüben stürzt der Fels ins Wasser, hinter den Häusern steigt er mit breiter Brust, doch steil mehr als dreihundert Meter hoch empor. Nur dort und da ragt eine Zeder oder ein Ölbaum aus dem Geklüft. Ein Wildbach – der Brasa – hat sich eine Schlucht gegraben, man sieht vom Schiffe aus einen Augenblick lang das stürzende Wasser und seinen Gischt. Doch zuhöchst, auf dem Felsenkamm heben sich weiße Mauern und ein Kirchturm vom tiefblauen Himmel ab, die Wipfel einer Baumgruppe wölben sich zu einem grünen Rain, und dicht am Abgrund steht ein Siehdichum. Jetzt entdeckt Biedermann an der Felsenwand den Zickzack-Weg, der hinaufführt.«

NATUR PUR – SO WEIT DAS AUGE REICHT

Das Hochplateau von Tremosine ist bereits in der Antike besiedelt. Der »Stein von Voltino«, eine Gedenktafel am Glockenturm von Voltino, ist etruskischen Ursprungs. Begräbnisurnen und Münzen bezeugen die Anwesenheit der

18

Römer im abgelegenen Gebiet. Die Straße hinauf nach Tremosine wird erst in den 1930er-Jahren gemeinsam mit der Gardesana Occidentale gebaut. Sie eröffnet dem Hochplateau eine bequeme Zufahrt und bringt dem bis dahin weitgehend isolierten Tremosine neuen Aufschwung.

Wer heute nach Tremosine kommt, der hat neben den Badesachen auch die Berg- und Wanderschuhe im Gepäck. Mitten im **Naturpark Alto Garda Bresciano** laden eine Vielzahl von Wander- und Mountainbikewegen, ehemaligen Maultierpfaden und alten Schmugglersteigen an der einstigen Grenze zwischen Italien und Österreich zum Wandern und Erholen in einer traumhaften Kulisse und unberührten Natur.

Tipp

Ein einmaliges Erlebnis am Ortseingang von Pieve im Hotel Paradiso ist die Terrazza del Brivido, die Schauderterrasse. Atemberaubend schwingt sie sich auf Betonpfeilern über den Abgrund – senkrecht über 300 Meter hinunter zum See! Dazu ein Kaffee oder ein gutes Glas Wein – und man schwebt trotz Gänsehaut davon … (Viale Europa 19, Pieve di Tremosine, Tel. +39/0365/953012, terrazzedelbrivido.it)

BRASA-SCHLUCHT

In wilden Serpentinen schlängelt sich die Straße durch die enge Schlucht, die der Wildbach Brasa im Laufe der Jahrtausende in den Felsen gegraben hat, vom See hinauf nach Pieve di Tremosine. Die Fahrt durch die Brasa-Schlucht gehört ohne Zweifel zu den Highlights der Panoramastrecken in den Alpen.

Als »schönste Straße der Welt« bezeichnete ein Redakteur der Frankfurter Zeitung die Straße durch die Brasa-Schlucht bei ihrer Eröffnung im Jahr 1913. Endlich haben all die kleinen Fraktionen von Tremosine oben am Hochplateau einen ersten direkten Zugang zum See. Bisher mussten alle Waren mühsam zu Fuß oder mit Maultieren über steile Pfade an den Felsen entlang in die Höhe oder hinunter zum See zu den Schiffen befördert werden. Eine endgültige Anbindung an das restliche Straßennetz rund um den See gab es erst 1931 mit der Fertigstellung der Gardesana Occidentale. Da kam dann auch gleich eine bequemere Verbindung nach Tremosine über Limone hinzu.

Blick von der »Schauderterrasse« in Tremosine auf den See und die Gardesana

Schon seit Jahrhunderten nutzten die Einheimischen die Energie und Wasserkraft des unbändigen Wildbaches im – für uns heute wildromantischen – Brasa-Tal. Getreidemühlen, Gerbereien und Schmiedewerkstätten siedelten sich entlang des Baches an und sorgten für ein reges Treiben. Mit dem Aufkommen der Elektrizität schlugen aber die letzten Stunden der kleinen Handwerksbetriebe. 1912 schloss die letzte Gerberei ihre Tore, 1920 der letzte Nagelschmied. Bis 1961 überlebte die letzte Getreidemühle. Die Überreste all dieser Betriebe stehen noch heute verlassen und zur Erinnerung im Tal.

NERVENKITZEL GARANTIERT

Für die Einwohner von Tremosine bedeutet die neue Straße durch die Brasa-Schlucht eine erhebliche Erleichterung in ihrem harten und bescheidenen Lebensalltag. Für den Rest der Welt wird sie zu einer einmalig schönen Gebirgsstraße voller Nervenkitzel. Nicht umsonst hat auch die Filmindustrie die Brasa-Schlucht schon lange entdeckt. Hier wurden Werbespots für die Autoindustrie mit Mercedes und BMW und in früheren Zeiten auch für den neuen Seat Leon mit Loris Capirossi aufgenommen. Bekannt sind die Filmszenen aus dem James-Bond-Film »Quantum of Solace« aus dem Jahr 2008 mit dem großen »007« Daniel Craig. Die lange Verfolgungsjagd in der Brasa-Schlucht lässt keinen Zuschauer ruhig sitzen. Aber auch George Clooney und so manch andere Hollywoodgrößen trifft man in der Gegend immer wieder an. Übrigens: Schon Winston Churchill stufte die Straße als »das achte Weltwunder« ein.

◀ Klettersteig bei Tremosine hoch über dem See ▲ Im Hinterland von Tremosine
▼ Wie Adlernester kleben die Ortschaften über den steilen Felswänden

ETWAS ANSTRENGEND, ABER umso lohnenswerter ist eine Wanderung durch die Brasa-Schlucht hinauf nach Pieve. An der Piazza Arringhi in Campione starten wir über die kleine Brücke am Bach. Dann beginnt schon bald der Aufstieg. Hunderte von Stufen bringen uns über den Weg 267 an der Südseite der trichterförmigen Schlucht langsam und steil an der Felsenwand entlang nach oben – mit grandiosen Ausblicken, die alle paar Meter wechseln und neue Perspektiven eröffnen.

WER NUDELN LIEBT, muss die Spaghetteria Bar Da Nando im Zentrum von Villa besuchen. Hier gibt es 30 verschiedene Nudelgerichte: Spaghetti, Maccheroni, Tagliatelle, Tortellini, Gnocchi (Vicolo Largo 10, Villa di Tremosine, Tel. +39/0365/951230, danando.info).

DER NATURPARK ALTO GARDA BRESCIANO

Idyllisch auf 618 Metern Meereshöhe gelegen, präsentiert sich Vesio als eine der insgesamt 18 kleinen Ortschaften der Gemeinde Tremosine. Das Hochplateau über dem Gardasee mitten im Naturpark Alto Garda Bresciano fasziniert mit all seinen attraktiven Gegensätzen und landschaftlichen Reizen.

18

Der Name des Ortes Vesio geht auf die Zeit der Römer zurück. Viele der alten Gebäude im Dorf stammen aus dem 18. und 19. Jahrhundert. Zeugnisse aus der Zeit der Vorherrschaft Venedigs zwischen 1426 und 1797 berichten von mehreren Mühlen, von Werkstätten zur Eisenverarbeitung sowie von einer Spiegelfabrik in der Gegend.

Die Pfarrkirche aus der zweiten Hälfte des 18. Jahrhunderts wurde auf den heute nicht mehr sichtbaren Grundmauern einer alten Kapelle errichtet. Auf dem Hochaltar finden wir schöne Altarbilder mit der Gottesmutter im Kreis von Engeln sowie die Heiligen Bartholomäus und Rochus.

VON MEDITERRAN BIS SUBALPIN

Geprägt wird die Gegend von der imposanten Bergwelt, die steil über den See bis herauf zur Hochebene und von hier weiter hinauf bis in die höchsten Gipfel des Naturparks Alto Garda Bresciano ragen. Die mediterranen Gärten am Ufer werden vom üppigen Grün ausgedehnter Wälder, Bergwiesen und Almen mit einer artenreichen subalpin geprägten Flora abgelöst.

Der gesamte Naturpark bietet unzählige Gelegenheiten, das Gebiet zu Fuß oder mit dem Rad oder Mountainbike zu erkunden. Die atemberaubenden Strecken und Abfahrten begeistern Biker aus ganz Europa. Eine davon ist die Straße hinauf auf den 1974 Meter hohen Passo Tremalzo. Dorthin führt eine im Ersten Weltkrieg angelegte Militärstraße an der Grenze zwischen der Region Trentino-Südtirol und der Provinz Brescia.

Einen Besuch wert ist das Besucherzentrum des Nationalparks im Ortsteil Prabione in Tignale. Das Heimatkundemuseum bietet viele interessante Informationen und Schaustücke aus der Gegend, einen tollen Überblick über den Gardasee und natürlich den Nationalpark selbst: von der Entstehungsgeschichte des Sees, der Beschaffenheit der Berge, der Lebensweise der Menschen, dem Wandel des Tourismus bis hin zu Wissenswertem über Flora, Fauna und die ansässige Tierwelt.

Tipp

Mit seinen 1976 Metern ist der Monte Caplone der höchste Berg im Naturpark. Er wird auch »Cima delle Guardie«, Gipfel der Wachen, genannt – einst verlief hier die Grenze zwischen Italien und Österreich. Auf den Spuren des Ersten Weltkrieges wandert man auch am Passo Nota und in der Val Cerese.

AUF EINEN BLICK

Info

STADT: Tremosine
BESTE REISEZEIT: März–November
OPTIMALE REISEDAUER: 2–3 Tage
TOURISTINFO: Touristinfo Tremosine, Piazza Guglielmo Marconi 1, Tremosine sul Garda, Tel. +39/0365/953185, tremosinesulgarda.it

SEHENSWÜRDIGKEITEN

TERRAZZA DEL BRIVIDO: »Schauderterrasse«, 300 Meter senkrecht über dem Abgrund. Viale Europa 19, Pieve di Tremosine, Tel. +39/0365/953012, terrazzedelbrivido.it
KIRCHE SAN GIOVANNI BATTISTA: Auf den Mauern einer Kapelle aus dem neunten Jahrhundert wird im zwölften Jahrhundert eine romanische Kirche erbaut, von der heute der Turm und einige Mauern übrig sind. 1570 wird darauf die heutige San Giovanni Battista geweihte Kirche von Pieve gebaut – mit schönen barocken Schnitzarbeiten.
BRASA-SCHLUCHT: Atemberaubende Panoramastrecke hinauf nach Pieve di Tremosine.
PIAZZA ARTURO COZZAGLIO: Der gesamte Hauptplatz von Pieve di Tremosine präsentiert sich als große Freiluftkulisse und als Balkon über dem Gardasee – mit entsprechend herrlicher Rund- und Aussicht bis hin zum Monte Baldo.

Reisen im Wohnmobil ermöglichen es, das Land kreuz und quer zu bereisen.

◀ Area Sosta Campione d'Italia ▶ Gasse mit Kirchturm in Tremosine del Garda

EREMO DI SAN MICHELE: Die beeindruckend gelegene Einsiedelei San Michele im gleichnamigen Tal entlang dem Maultierpfad, der nach Tremalzo führt, ist langobardischen Ursprungs und erinnert an eine kleine Befestigungsanlage.
BESUCHERZENTRUM PARCO ALTO GARDA BRESCIANO: Museum und Besucherzentrum des Naturparks Alto Garda Bresciano sind von Feb.-Mitte Dez. Sa-Do von 10-17 Uhr geöffnet. Frazione Prabione, Tignale, Tel. +39/0365/761642

AREA SOSTA CAMPIONE D'ITALIA

ADRESSE: Area Sosta Campione d'italia, Via R. Cozzaglio 1, Tremosine sul Garda
GPS: 45.75533, 10.74976
Kleiner öffentlich zugänglicher Wohnmobilstellplatz in ruhiger Lage neben einem ehemaligen Fabrikgelände. Bezahlung mit Parkuhr.

AREA DI PARCHEGGIO CAMPER

ADRESSE: Via Dalvra, Tremosine sul Garda
GPS: 45.79431, 10.74804
Öffentlich zugänglicher Wohnmobilstellplatz in der Ortschaft Vesio, neben den Tennisplätzen, rund 200 Meter vom Dorf entfernt.

LIMONE SUL GARDA

Die nördlichsten Zitronengärten Europas

Blick von der Gardesana aus auf das romantische Limone mit seinem Hafen

19

Limone zählt zu den pittoresken Höhepunkten rund um den Gardasee. Das an die steilen Felsen des Dosso di Roveri geklebte ehemalige Fischerdorf besitzt eine Anziehungskraft sondergleichen. Die Touristenscharen, die sich in der Hochsaison durch die engen Gassen zwängen, sprechen eine deutliche Sprache.

Die Geschichte von Limone reicht weit zurück, wie überall hier am See. Schon im zehnten Jahrhundert tauchte der Name »Limon« auf – was mit den Zitronen hier zu tun hat, möchte man meinen. Vor 1000 Jahren gab es allerdings noch keine Zitrusfrüchte vor Ort. Der Name stammt wohl vom lateinischen »Limen«, der Grenze. Denn ein Grenzgebiet war die ehemals isolierte Gegend von Limone im wahrsten Sinn des Wortes. Noch vor 100 Jahren verlief hier die Grenze zwischen Italien und Österreich-Ungarn, heute jene zwischen der Provinz Brescia und dem Trentino.
Für die wirtschaftliche Entwicklung von Limone war ab dem 16. Jahrhundert der Einfluss der Serenissima, der Republik Venedig, ausschlaggebend. In dieser Zeit entwickelte sich Limone vom armen Fischerdorf mit etwas Olivenanbau zum nördlichsten Anbaugebiet von Zitrusfrüchten in Europa. Die steinernen Säulen, die an den steilen Hängen und Terrassen in den azurblauen Himmel ragen, erinnern uns noch heute an den einst wichtigsten Wirtschaftszweig und bilden das prägende Wahrzeichen von Limone.

ROMANTISCHER HAFEN UND VERWINKELTE GASSEN

Die Entwicklung des Tourismus in Limone begann mit dem Bau und dem Anschluss an die Gardesana im Jahr 1931. Bis zu jenem Zeitpunkt war das Dorf nur über den See oder von oben über die Felsen zu erreichen. Fischerei und Landwirtschaft verloren ihre Bedeutung, aus den Fischern wurden Hoteliers, aus den Bauern Campingplatzbetreiber und Geschäftsleute. Und so zählt Limone mit seinem romantischen alten Hafen, seinen malerischen engen und verwinkelten Gassen und seinem intimen Flair mittlerweile zu den beliebtesten Ferienorten am Gardasee.
Am eindrucksvollsten ist es, Limone vom See aus anzusteuern, so wie es die Vorfahren über Jahrtausende hinweg getan haben. Da eröffnet sich der Charme des alten Fischerzentrums am eindrucksvollsten – vor allem in den ruhigeren Monaten. Die mit Souvenirläden, Boutiquen und

kleinen Restaurants dicht besiedelten Gassen sind dann nicht ganz so überlaufen. Keine Angst: Zitronen sind dennoch das ganze Jahr hindurch überall präsent: in Keramik gegossen, auf Bilder und T-Shirts gemalt, in Natur oder als Saft gepresst.

Die **Chiesa San Rocco** nördlich vom alten Hafen erinnert an die Zeiten der Pest im 16. Jahrhundert. Die **Pfarrkirche** von Limone wurde 1691 auf den Resten einer antiken römischen Basilika errichtet und ist dem Heiligen Benedikt geweiht. Sie beherbergt einige Meisterwerke der Kirchenkunst. Südlich des alten Dorfzentrums, rund um den modernen neuen Hafen wird das Ufer weiter und lädt mit einem schönen Strand zum aktiven Wassersport ein.

DAS NETTE FISCHEREIMUSEUM Museo dei Pescatori im Gemeindepark der ehemaligen Villa Boghi macht die jahrhundertealte Fischereitradition von Limone wieder lebendig. Von März bis Oktober täglich geöffnet, Eintritt frei (Via IV Novembre 25, Limone sul Garda, Tel. +39/0365/954008, visitlimonesulgarda.com). Im ehemaligen Rathaus am Lungolago widmet sich das Museo del Turismo, das Tourismusmuseum, der sozialen und wirtschaftlichen Entwicklung Limones im 20. Jahrhundert. Von März bis Oktober täglich geöffnet, Eintritt frei (Via Lungolago Guglielmo Marconi 1, Limone sul Garda, Tel. +39/0365/954008, visitlimonesulgarda.com).

◀ Das Ausflugsboot kommt pünktlich in Limone an. ▶ Der neue Panorama-Radweg

Bootsanlegestelle am kleinen, historischen Hafen von Limone

DER »SONNENPFAD«, AUF Italienisch Sentiero del Sole, lädt zu einer netten Wanderung durch Limone und in die nähere Umgebung. Jeden Dienstag bietet das Tourismusbüro kostenlose geführte Wanderungen an (Via IV Novembre 29/L, Limone sul Garda, Tel. +39/0365/954720).

OLIVENÖL UND SPEZIALITÄTEN der Region sowie Führungen durch die Ölmühle bietet die Cooperativa Agricola Possidenti Oliveti (Via Campaldo 10, Limone sul Garda, Tel. +39/0365/954446, cooperativaagricolalimonesulgarda.it). Auch im Gourmetshop Alimentari El Botegher erhält man viele regionale Spezialitäten (Piazza Garibaldi 1, Limone sul Garda, Tel. +39/0365/954304, elbotegher.com).

Limonaie prägen das Landschaftsbild an der Riviera dei Limoni.

LIMONAIE

Limonaie, die beeindruckenden Gewächshäuser für den Anbau von Zitronenbäumen, prägen das Landschaftsbild an der Riviera dei Limoni zwischen Limone und Salò. Sie sind ein einzigartiges und einmaliges architektonisches Vermächtnis und Zeugen einer jahrhundertealten Kultur. Bis ins 14. Jahrhundert reicht die Kultur der Limonaie am Gardasee zurück. In dieser Zeit pflanzten Franziskanermönche von Gargnano die ersten aus der ligurischen Riviera importierten Zitronenbäume. Das milde Klima allein reichte für das gute Gelingen des Anbaus aber nicht aus. Wo fruchtbare Erde fehlte, wurde diese mit Schiffen hertransportiert und auf mit Trockenmauern errichteten Terrassen ausgebracht. Dicke Steinmauern schützten die empfindlichen Gewächse vor den kalten Nord- und Ostwinden. Meterhohe Steinpfähle – die heute als skelettartige Gebilde überall in den Himmel ragen – stützten die im Winter aufgetragene hölzerne Dachkonstruktion. Aus den ersten Zitronengärten entwickelten sich richtige Gewächshäuser, geschützt im Winter und mit eigens gebauten Kanalsystemen zur Bewässerung im Sommer.

19

FRUCHTIGE AROMEN UND FRISCHE SÄURE

Der Anbau der Zitrusfrüchte erreichte im nördlichsten Anbaugebiet Europas im 18. und 19. Jahrhundert seinen Höhepunkt. 1850 wurden in Gargnano auf einer Fläche von 47 Hektar sieben Millionen Früchte geerntet. In Limone waren es in derselben Zeit auf knapp sieben Hektar Anbaufläche 550 000 Zitronen. Die besten Früchte der Güteklassen **»fine«** und **»soprafine«** wurden über Torbole und den Obstmarkt von Bozen in den Norden, vor allem ins ehemalige Habsburgerreich Österreich-Ungarn, exportiert. Die Zitronen vom Gardasee werden besonders für »ihre medizinischen Qualitäten und für ihre Säure, das fruchtige Aroma des Saftes und der Schale sowie für die längere Dauer ihrer Frische« geschätzt.

Ende des 19. Jahrhunderts kam es dann zu den ersten Einbrüchen auf dem Zitronenmarkt. Billigere Früchte aus dem Süden, die nunmehr künstlich hergestellte Zitronensäure, Baumkrankheiten sowie die hohen Instandhaltungskosten der Gewächshäuser sorgten für einen rapiden Zusammenbruch des einst blühenden Gewerbes. Die Limonaie verwaisten und verfielen allmählich. Erst in den letzten Jahrzehnten besannen sich die Verantwortlichen auf ihr schützenswertes und einzigartiges kulturelles Erbgut. In mehreren Gemeinden wurden einzelne Limonaie vorbildlich restauriert und für Besucher geöffnet.

Der Anbau von Zitrusfrüchten war einst der wichtigste Wirtschaftszweig in Limone.

AUF EINEN BLICK

Info

STADT: Limone sul Garda
BESTE REISEZEIT: März–November
OPTIMALE REISEDAUER: 2–3 Tage
TOURISTINFO: Touristinfo Limone sul Garda, Via IV Novembre 25, Limone sul Garda, Tel. +39/0365/954720, visitlimonesulgarda.com

SEHENSWÜRDIGKEITEN

PFARRKIRCHE VON LIMONE: 1691 auf den Resten einer antiken römischen Basilika errichtete Kirche. Via Monsignor Daniele Comboni, Limone sul Garda, Tel. +39/0365/954017

CHIESA SAN ROCCO: Die Kirche erinnert an die Zeiten der Pest im 16. Jahrhundert. Piazzale Franco Gerardi, Limone sul Garda

LIMONAIA DEL CASTÈL: Am Fuße des Mughéra liegt der Zitronengarten Castèl von Limone. Via Orti 9, Limone sul Garda, Tel. +39/0365/954008, visitlimonesulgarda.com, Mai–Okt. tgl. ab 10 Uhr

LIMONAIA DI VILLA BOGHI: Der Zitronengarten im Park der Villa Boghi in Limone sul Garda (frühes 20. Jahrhundert) weist mit Tafeln auf die Geschichte der Zitrusfrüchte und ihres Anbaus hin. Via IV Novembre 42, Limone sul Garda

LIMONAIA DEL PRÀ DE LA FAM: Beeindruckendes Zitronengewächshaus in Tignale. Gardesana Occidentale, Tignale, Tel. +39/0365/73354, tignale.org, April–Okt.

CAMPING NANZEL

ADRESSE: Via IV Novembre 3, Limone sul Garda, Tel. +39/0365/954155, campingnanzel.it
GPS: 45.80061, 10.78516

Der Campingplatz mit seinen Stellplätzen und Bungalows wird seit 1961 von der Familie Piantoni geleitet. Er liegt direkt am See in einer bezaubernden Bucht, einen Kilometer südlich von Limone sul Garda. Der Platz befindet sich auf einem terrassierten Gelände mit Olivenbäumen. Top Aussicht über den See und auf den Monte Baldo.

Der Campingplatz Nanzel liegt direkt am See in einer bezaubernden Bucht.

CAMPING BELLAVISTA

ADRESSE: Via Gardesana 31, Località Linfano, Arco,
Tel. +39/0464/505644, camping-bellavista.it
GPS: 45.87740, 10.86653
Der Campingplatz in der nördlichsten Bucht des Gardasees bietet seinen Gästen seit über 60 Jahren die Möglichkeit, in einer der schönsten natürlichen Umgebungen des oberen Gardasees zu übernachten. Er befindet sich in einem üppigen Olivenhain und ist mit moderner Einrichtung und geräumigen Stellplätzen (70–90 Quadratmeter) ausgerüstet. Camperservice, Minimarkt, Bar und Pizzeria.

CAMPING RESORT DRENA

ADRESSE: Via al Castello, Drena,
Tel. +39/366/1438701, campingresortdrena.it
GPS: 45.97101, 10.94019
Das Camping Resort Drena ist alles andere als ein gewöhnlicher Campingplatz. Auf einer Gesamtfläche von fast 10 000 Quadratmetern ist Stille und Ruhe angesagt. Der Platz befindet sich zwischen der Valle dei Laghi, dem Tal der Seen, und dem nördlichen Garda, etwa 400 Meter über dem Meeresspiegel, im beschaulichen Dorf Drena am Fuße der gleichnamigen mittelalterlichen Burg. Die gesamte Anlage wurde sorgfältig im Einklang mit geltenden Umweltschutz- und Tierschutzmaßnahmen gestaltet und bietet ideale Voraussetzungen, um sich nach sportlicher Aktivität auszuruhen.

RUND UM DEN GARDASEE

5 Städte mit Kultur, Kunst und Geschichte

Verona, die Stadt von Romeo und Julia, ist eine der schönsten Städte Italiens.

20

Geballter Kultur und Geschichte begegnen wir am Gardasee auf Schritt und Tritt. Das fängt schon in den kleinsten Orten direkt am See an. In unmittelbarer Nachbarschaft liegen weitere sehenswerte Kulturstätten Norditaliens. Verona im Osten, Brescia im Westen oder Mantua im Süden sind auf jeden Fall einen Besuch wert. Oder wir legen bereits bei unserer Anreise in Trient oder Rovereto einen Zwischenstopp ein.

VERONA

Nur wenige Kilometer vom Gardasee entfernt liegt Verona, eine der schönsten Städte Italiens – mit vielen kulturellen Events, mit einer ausgezeichneten Küche, gepflegten Weinen und herzlicher Gastfreundschaft. Nicht nur die berühmten **Opernfestspiele** in der Arena und das wohl berühmteste Liebespaar der Welt, **Romeo und Julia**, sind einen Besuch wert. Die Stadt ist ein lebendiges Schaubild ihrer über 2000 Jahre alten Geschichte. Baudenkmäler, Plätze, Kirchen und viele weitere Sehenswürdigkeiten führen durch alle Etappen der Stadtgeschichte, in kultureller, sozialer und wirtschaftlicher Hinsicht. Will man Verona richtig kennenlernen, dann muss man auch in die Tradition der Stadt eintauchen und an den zahlreichen Festen und Feierlichkeiten teilnehmen, die den Veranstaltungskalender zu jeder Jahreszeit bereichern (turismoverona.eu).

BRESCIA

30 Kilometer vom südwestlichen Gardasee entfernt liegt Brescia, reizvoll eingebettet in eine liebliche Hügellandschaft. Über 2000 Jahre haben sich hier Völker und Kulturen abgewechselt und ihre Spuren hinterlassen. Den Mittelpunkt bildet die **Visconti-Burg**, die auf dem Cidneo-Hügel thront. Den **Domplatz** von Brescia dominieren die beiden Hauptkirchen der Stadt. Der Neue Dom mit seiner imposanten Fassade und Kuppel entstand zwischen 1604 und 1825. Direkt daneben steht die Rotonda der Winterkathedrale des im elften und zwölften Jahrhundert errichteten Duomo Vecchio, eines der eindrucksvollsten romanischen Kirchenbauwerke der Lombardei. An die Porta Bruciata schließt sich der schönste Platz Brescias an, die **Piazza della Loggia** mit dem gleichnamigen Palazzo. Brescia ist aber nicht nur wegen seiner zahlreichen Kunstschätze einen Besuch wert (bresciatourism.it).

20

MANTUA

Vom Gardasee aus Richtung Süden liegt nach knappen 50 Kilometern Mantua (Mantova). Die Stadt am Mincio liegt zu Unrecht etwas im Schatten der großen italienischen Besuchermetropolen. Sie zählt mit einem der besterhaltenen historischen Zentren Oberitaliens zu den wichtigsten Kunstmetropolen. Kunst- und Naturfreunde kommen in der sympathischen Provinzhauptstadt gleichermaßen auf ihre Kosten, innerhalb der mittelalterlichen Stadtmauern genauso wie außerhalb in den grünen Parks rund um drei Seen. Das **Centro Storico** gehört seit 2008 zum UNESCO-Welterbe. Ein Besuch im **Herzogspalast der Gonzaga** in Mantua, einer der größten und beeindruckendsten Palastanlagen Eurpoas, ist ein Muss! Einheimische und Gäste flanieren unter den historischen Arkaden an der zentralen **Piazza delle Erbe** und genießen ein Glas Wein oder einen Kaffee in einem der zahlreichen Caffès – von den vielen Spezialitäten aus Mantua wie Würsten, Mostarda, Senffrüchten, Sugolo, Bigoli und Sbrisolona ganz zu schweigen (turismo.mantova.it).

◀ Centro storico mit Herzogspalast in Mantua ▲ Museum für zeitgenössische Kunst MART in Rovereto ▼ Am Domplatz von Trento (Trient)

Blick von der Visconti-Burg auf die Altstadt von Brescia mit altem und neuem Dom

ROVERETO

Vielen Reisenden mag Rovereto, die zweitgrößte Stadt im Trentino, nur von der Autobahnausfahrt Richtung Torbole und Riva di Garda bekannt sein. Rovereto ist eine Stadt, die Geschichte, Gegenwart und – als Heimatstadt des futuristischen Künstlers **Fortunato Depero** – auch die Zukunft auf einzigartige Weise miteinander verbindet. Die schmucke Altstadt präsentiert sich in einer belebend frischen Mischung aus venezianischen Palazzi und altösterreichischer Architektur. Die Stadt zeichnet sich heute aber vor allem durch eine besondere Welt- und Kulturoffenheit aus und ist ein Brennpunkt für zeitgenössische Kunst in Italien und Europa. Das 2002 eröffnete **MART** hat sich zu einem der wichtigsten Museen zeitgenössischer Kunst in Italien entwickelt (visitrovereto.it).

TRIENT

In der geschichts- und kunstträchtigen Stadt Trento (Trient) treffen italienische und mitteleuropäische Kultur aufeinander. Die Stadt des Konzils der römisch-katholischen Kirche von 1545–1563 präsentiert sich mit einem einmaligen kunsthistorischen Erbe. Trient war schon immer ein Schmelztiegel italienischer, deutscher und österreichischer Kultur. Die schmucke **Renaissance- und Barockarchitektur**, die sich in den Palazzi und Kirchen der Stadt widerspiegelt, hat südlichen Charme und erinnert gleichzeitig an die Bodenständigkeit Mitteleuropas. Das 2013 eröffnete **Museum der Wissenschaften MUSE** ist alles andere als ein traditionelles Museum; es ist ein Museum zum Anfassen, zum Erleben und Begreifen – ein Erlebnis für die ganze Familie (visittrentino.info).

ORTS- UND SACHREGISTER

CAMPING- UND STELLPLÄTZE

IMPRESSUM

Verantwortlich: Kerstin Thiele
Lektorat: Anne Köhler
Layout- und Umschlaggestaltung: Helene Schumacher
Satz: Silke Schüler
Repro: LUDWIG:media
Kartografie: Huber Kartografie
Herstellung: Anna Katavic

Printed in Slovenia by Florjancic

Unser komplettes Programm finden Sie unter www.bruckmann.de

★★★★★

Sind Sie mit diesem Titel zufrieden? Dann würden wir uns über Ihre Weiterempfehlung freuen. Erzählen Sie es im Freundeskreis, berichten Sie Ihrem Buchhändler, oder bewerten Sie bei Onlinekauf. Und wenn Sie Kritik, Korrekturen, Aktualisierungen haben, freuen wir uns über Ihre Nachricht an Bruckmann Verlag, Postfach 40 02 09, D-80702 München oder per E-Mail an lektorat@verlagshaus.de.

Alle Angaben dieses Reiseführers wurden von den Autoren sorgfältig recherchiert sowie vom Verlag geprüft. Für die Richtigkeit der Angaben kann jedoch keine Haftung übernommen werden, weshalb die Nutzung auf eigene Gefahr erfolgt. Insbesondere bei GPS-Daten können Abweichungen nicht ausgeschlossen werden. Bei Links auf Webseiten Dritter machen wir uns die Inhalte derselben nicht zu eigen und übernehmen für diese keine Haftung.

Aus Gründen der besseren Lesbarkeit verwenden wir in diesem Buch das generische Maskulinum. Weibliche und anderweitige Geschlechter-Identitäten werden dabei ausdrücklich mitgemeint, soweit es für die Aussage erforderlich ist.

Bildnachweis: Alle Bilder im Innenteil und auf dem Umschlag stammen von Udo Bernhart; Illustrationen: Tiwat K/Shutterstock: passim

Umschlagvorderseite: Blick auf Malcesine
Umschlagrückseite: Campingplatz La Rocca in Manerba del Garda

Die Deutsche Nationalbibliothek verzeichnet diese Publikation in der Deutschen Nationalbibliografie; detaillierte bibliografische Daten sind im Internet über http://dnb.d-nb.de abrufbar.

ISBN 978-3-7343-2431-4